AF372045

Humo
Smoke

Adrian Tyler

Fotografías

Humo
Smoke

Textos

Horacio Fernández

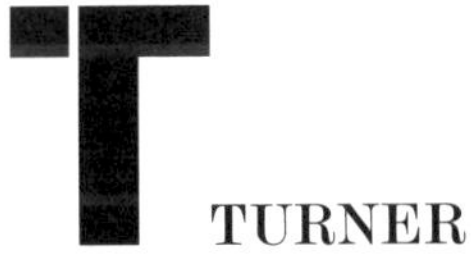

TURNER

Claroscura
sinecura

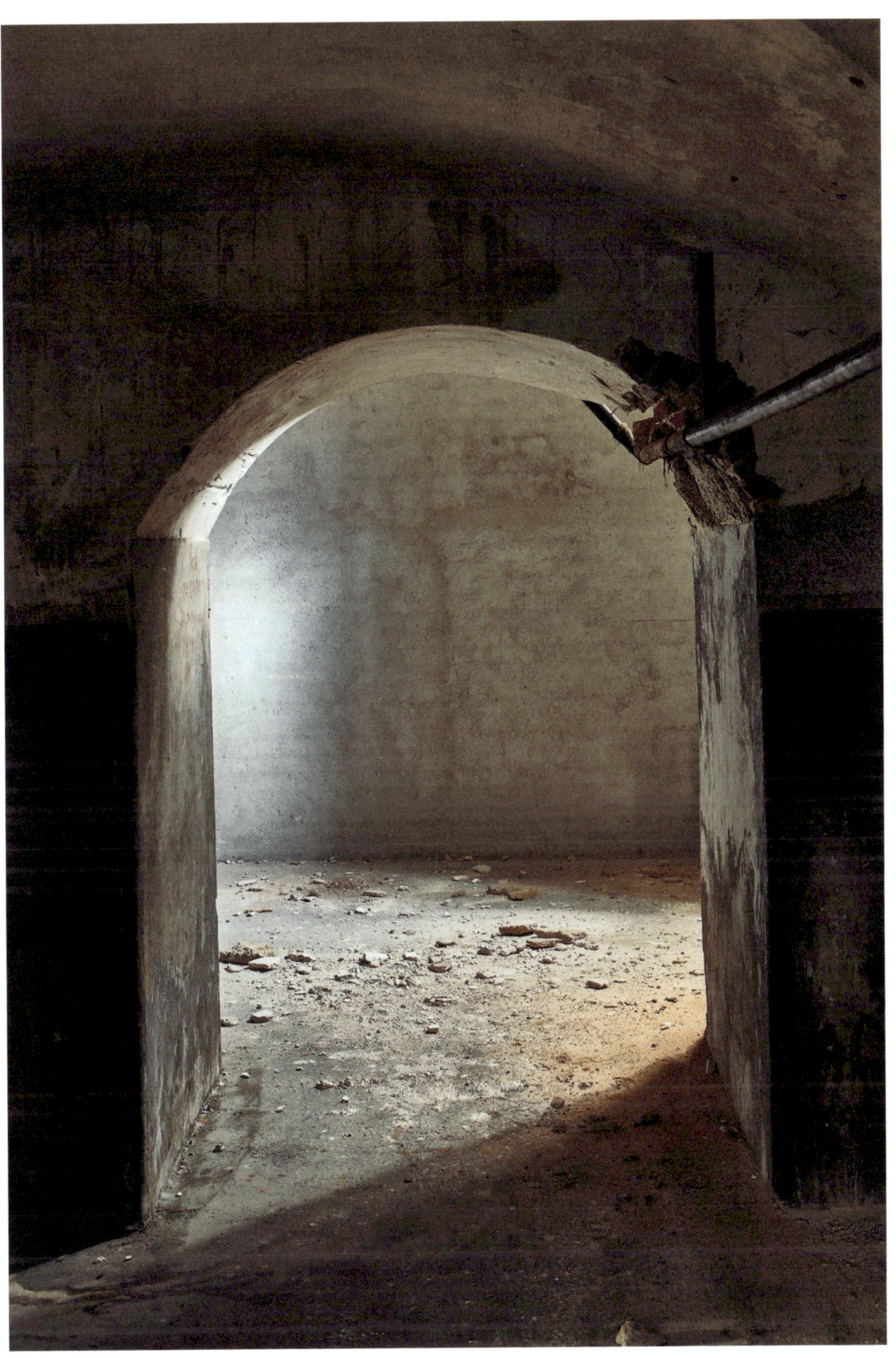

Tan leve como
larga es la vida

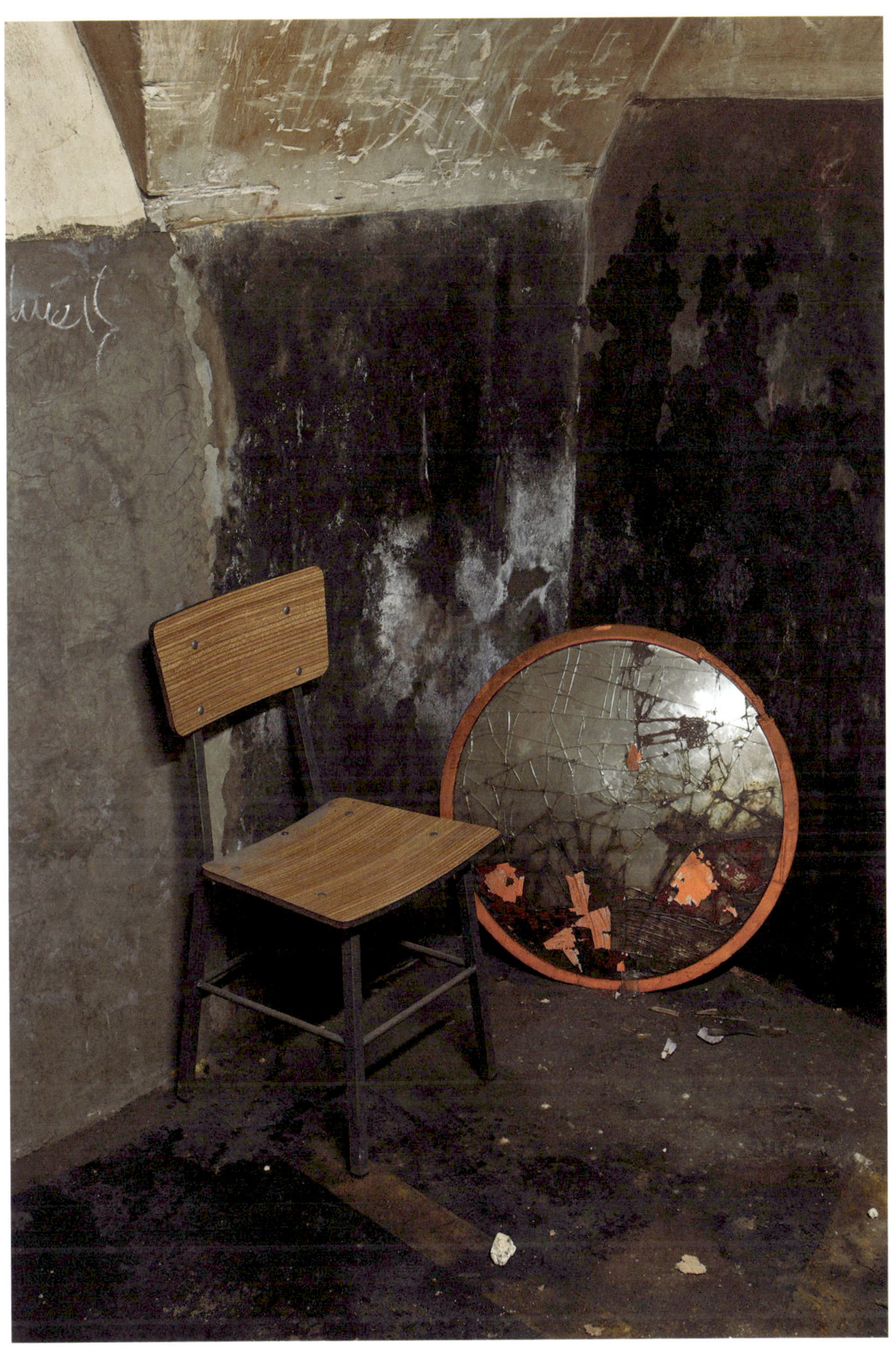

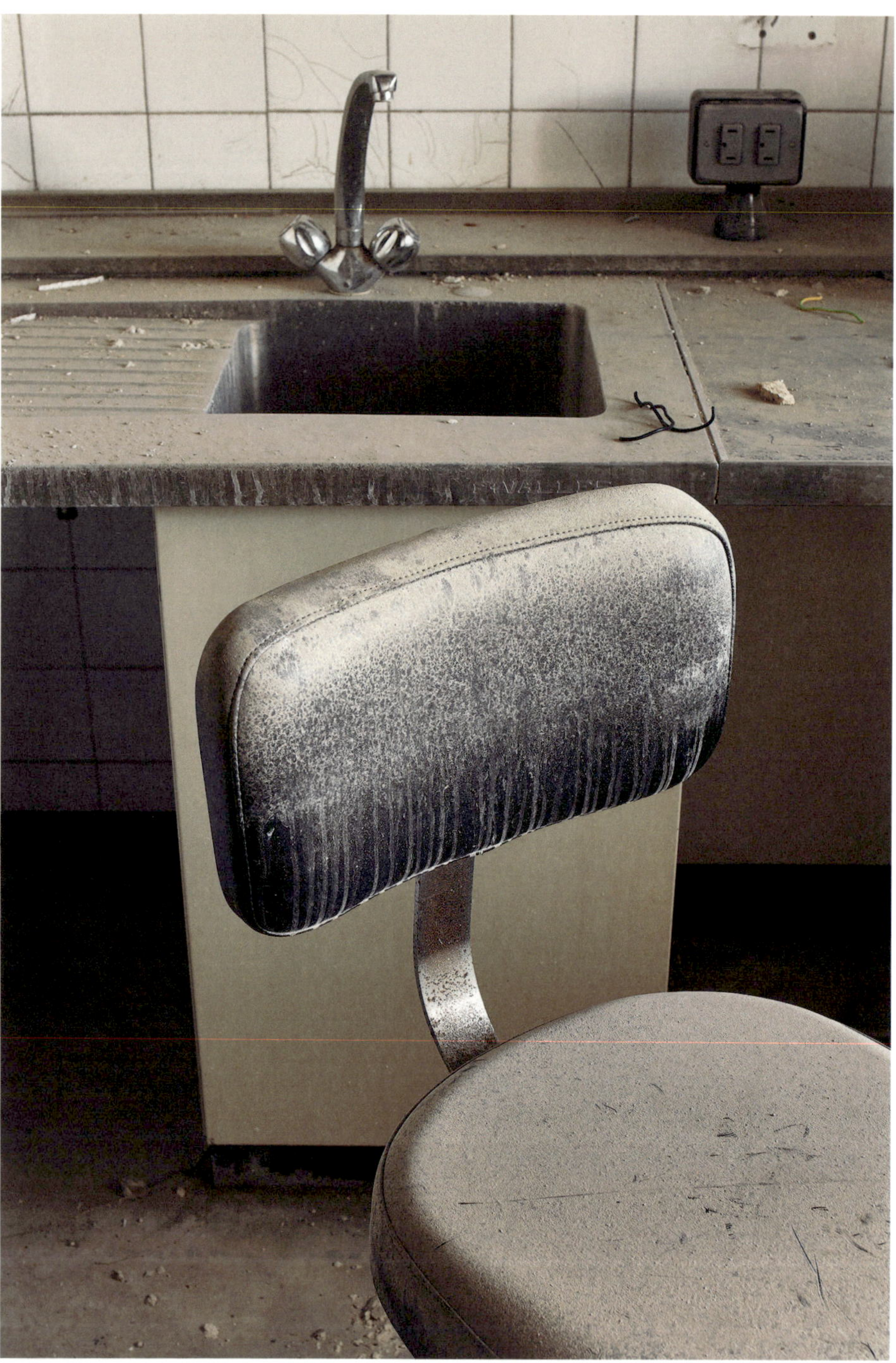

Mientras perfumo
la vida no consumo

Noches en vela
mirando su vaivén

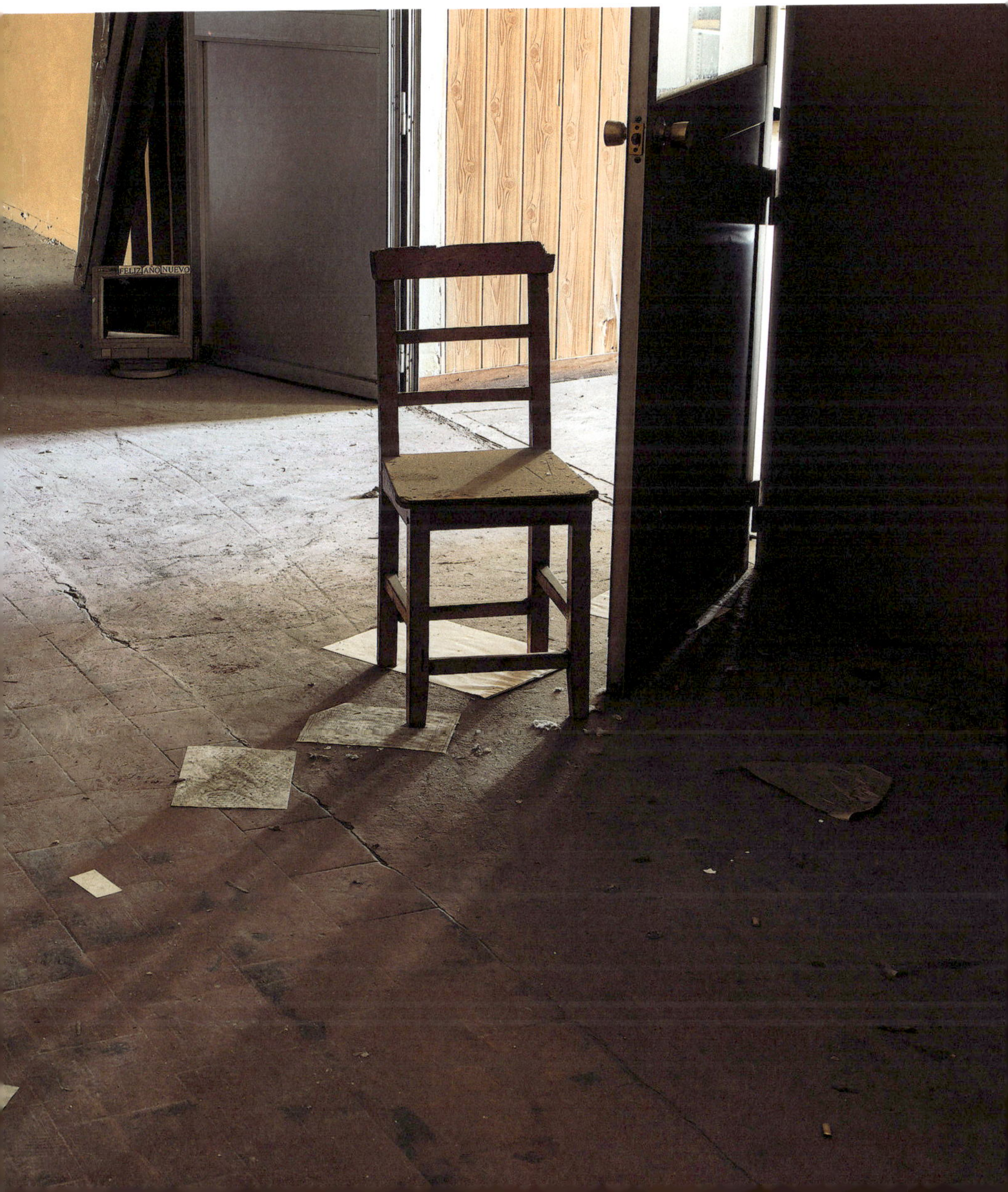

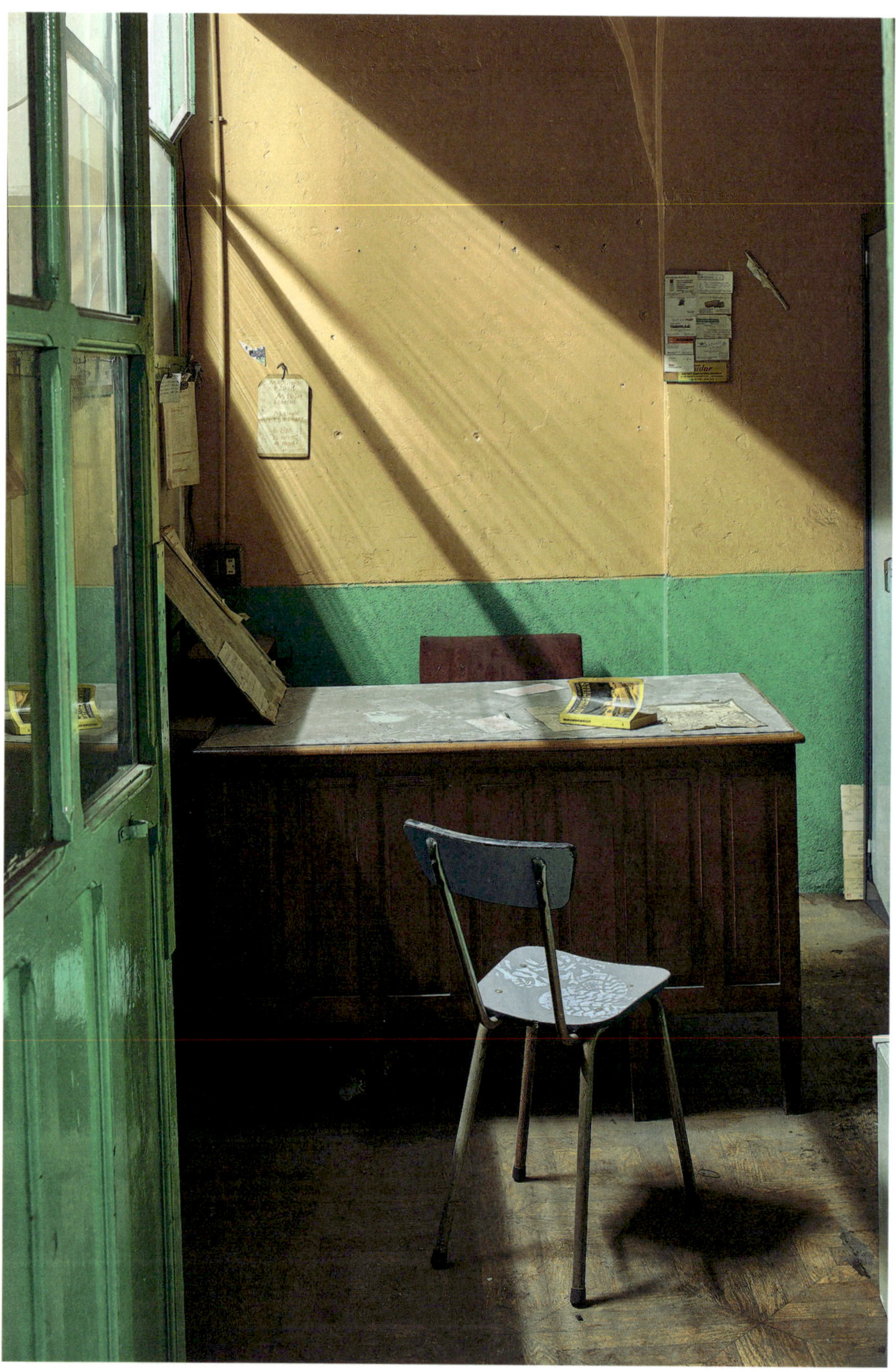

Desde temprano,
que falta tiempo

Al mal dar
más es poco

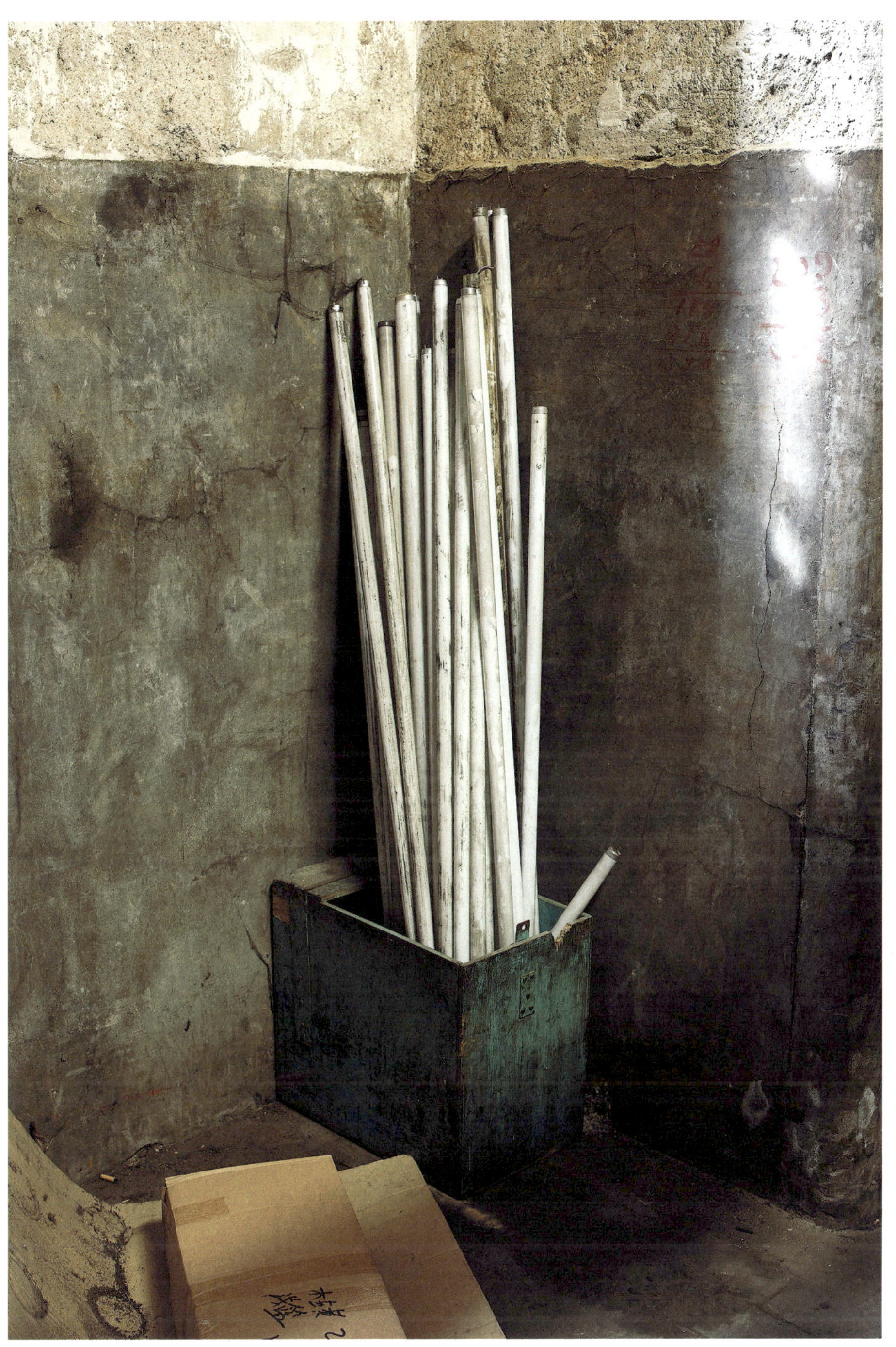

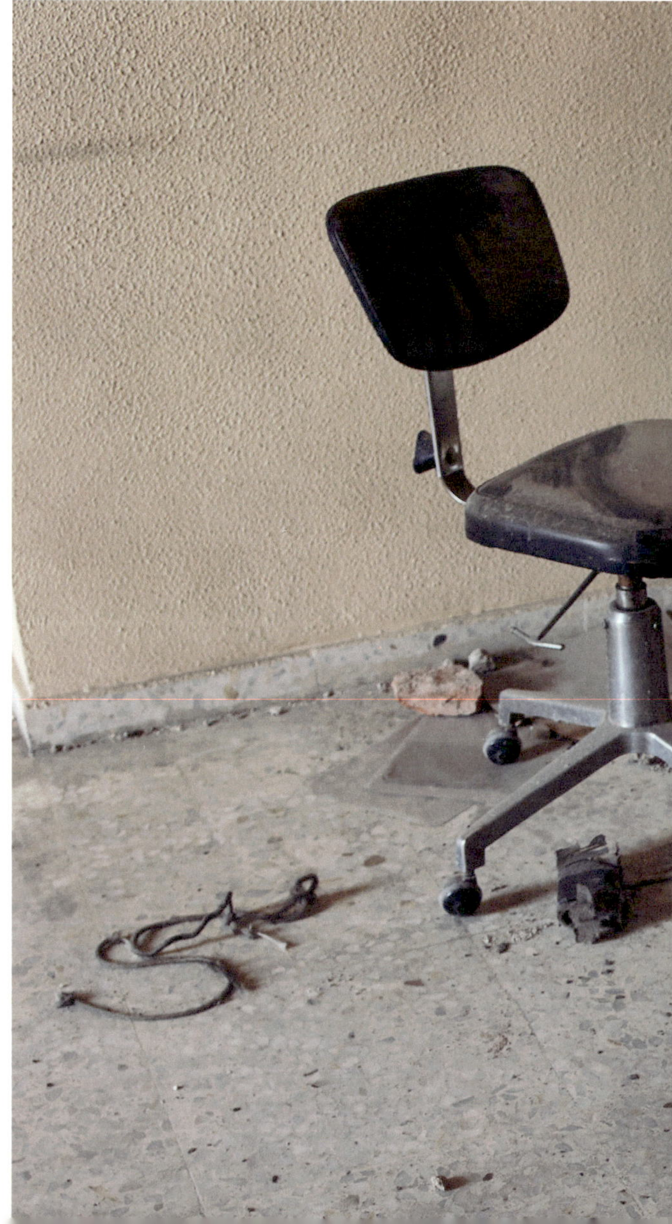

Esperar sentado
y en las nubes

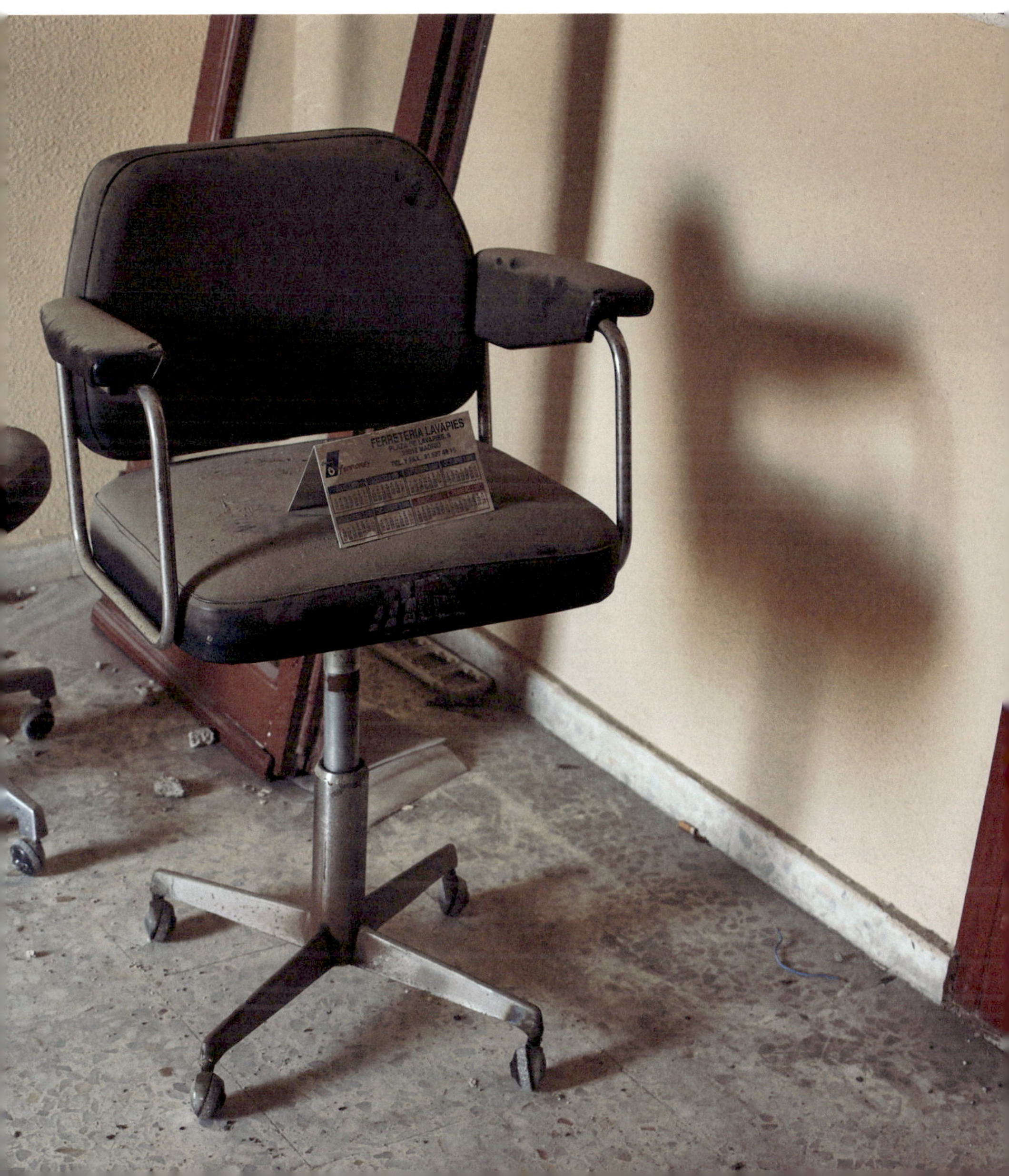

SURE TASTE FRESHER

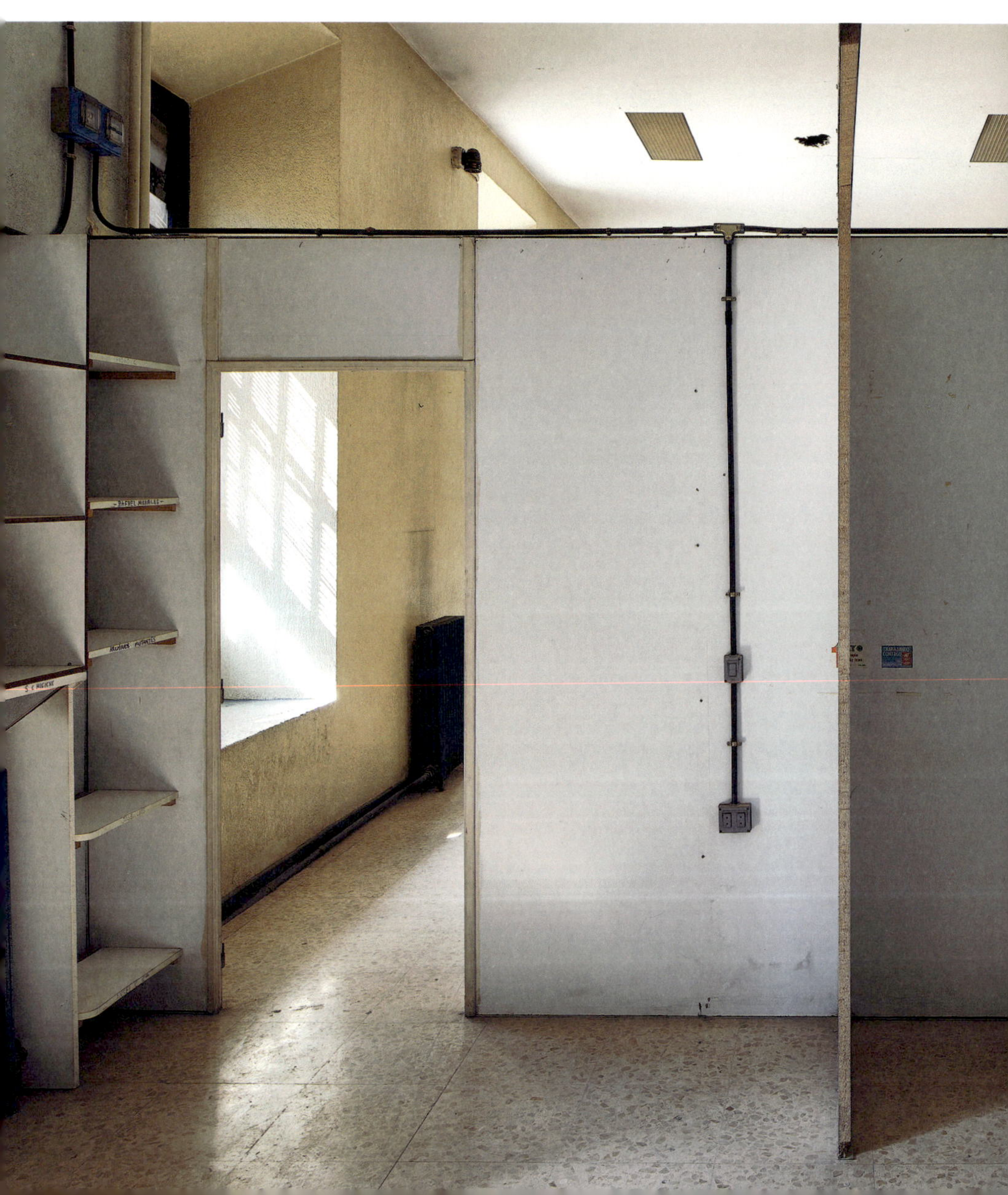

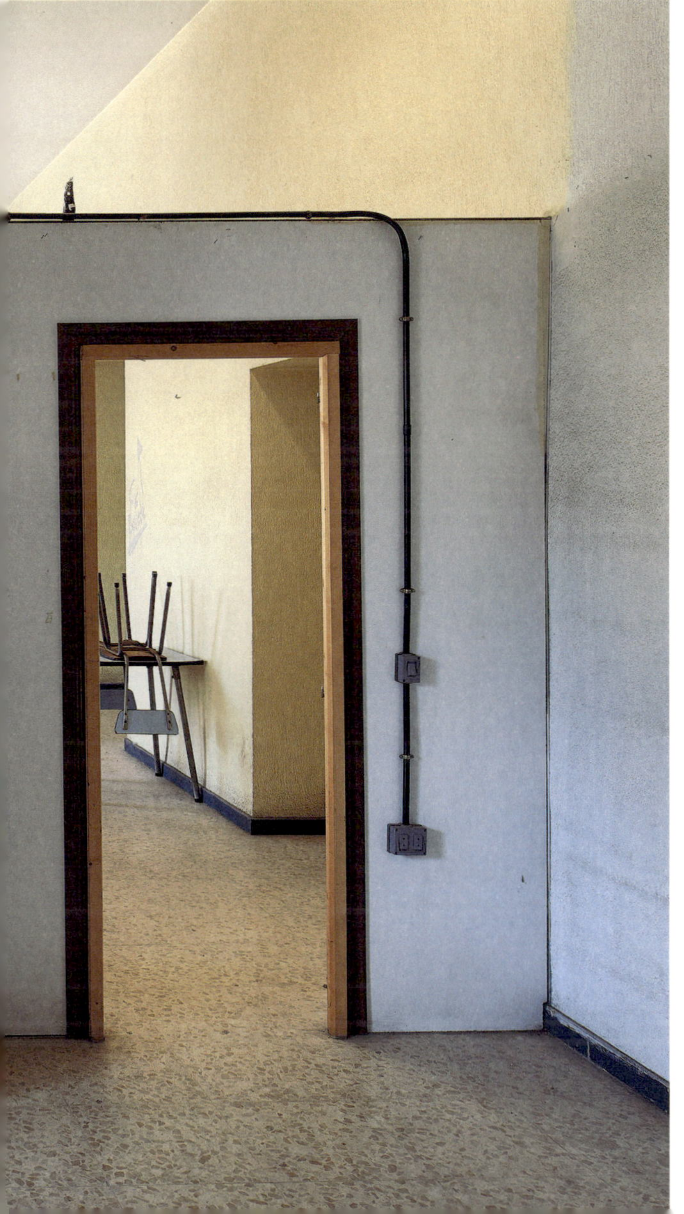

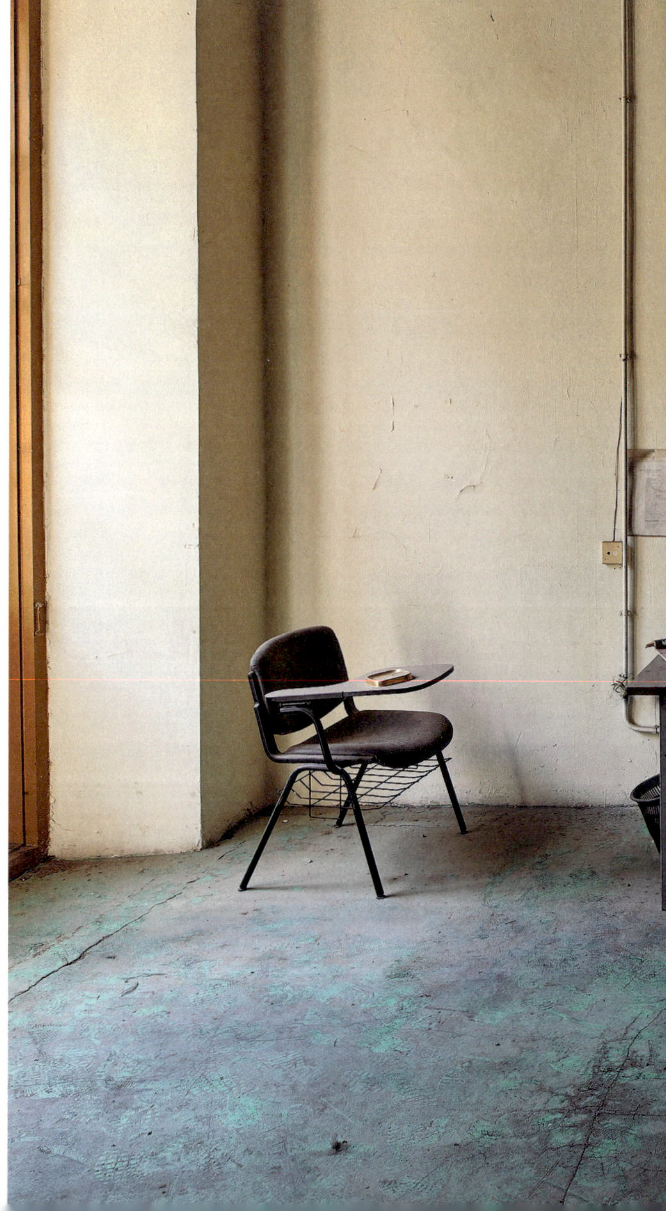

Aviva luces
apaga prisas

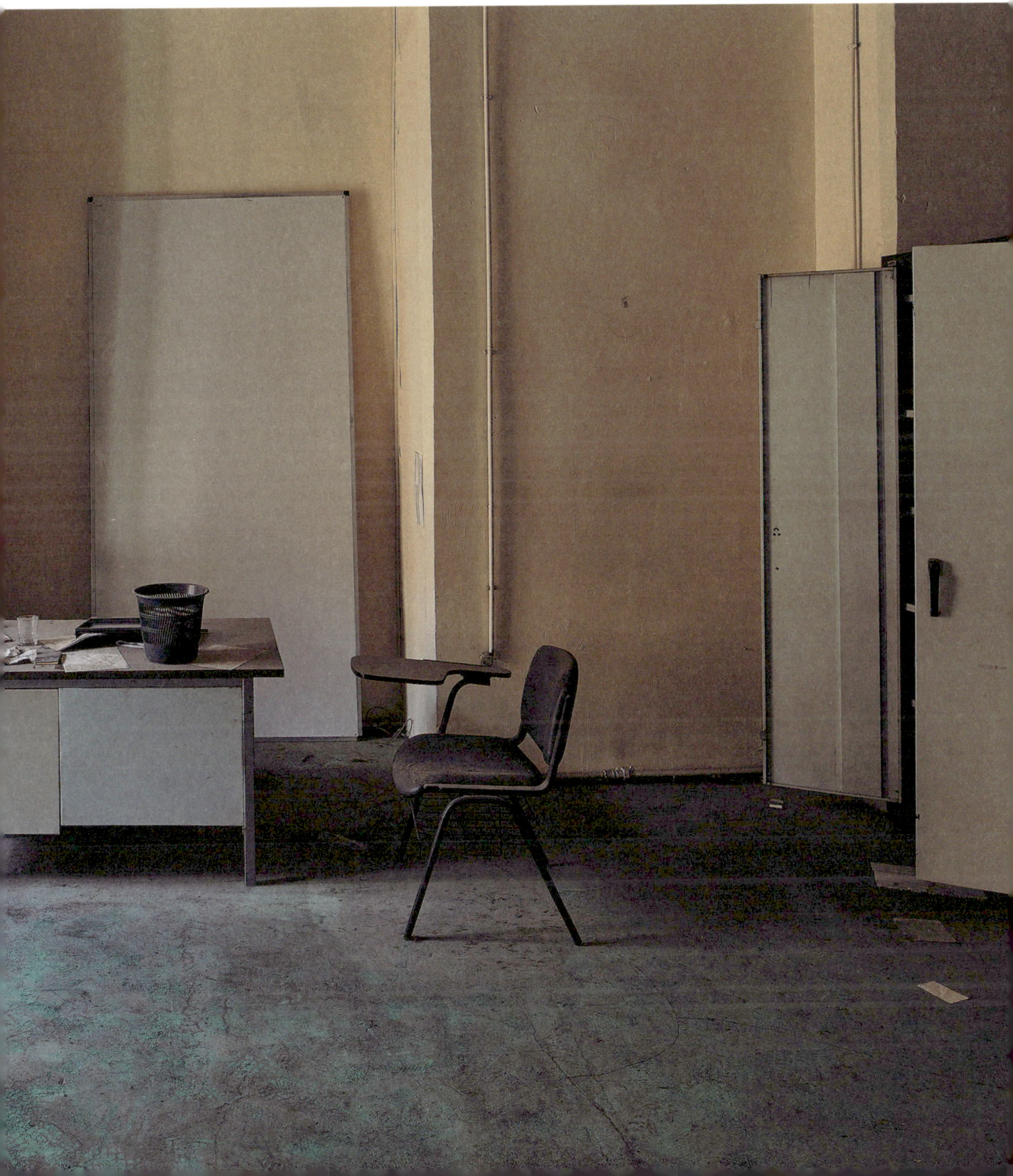

THE WAY TO INCREASED ENERGY

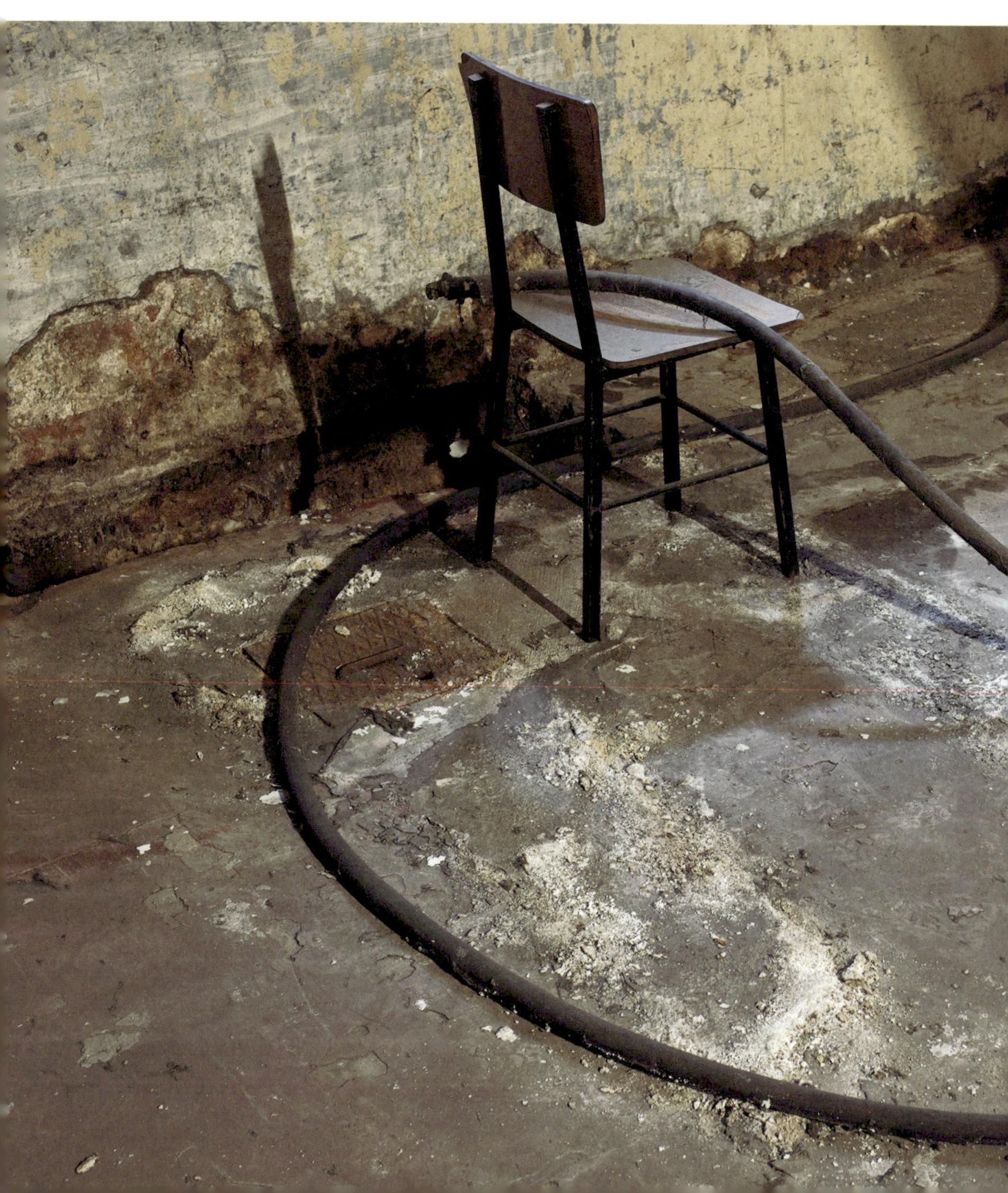

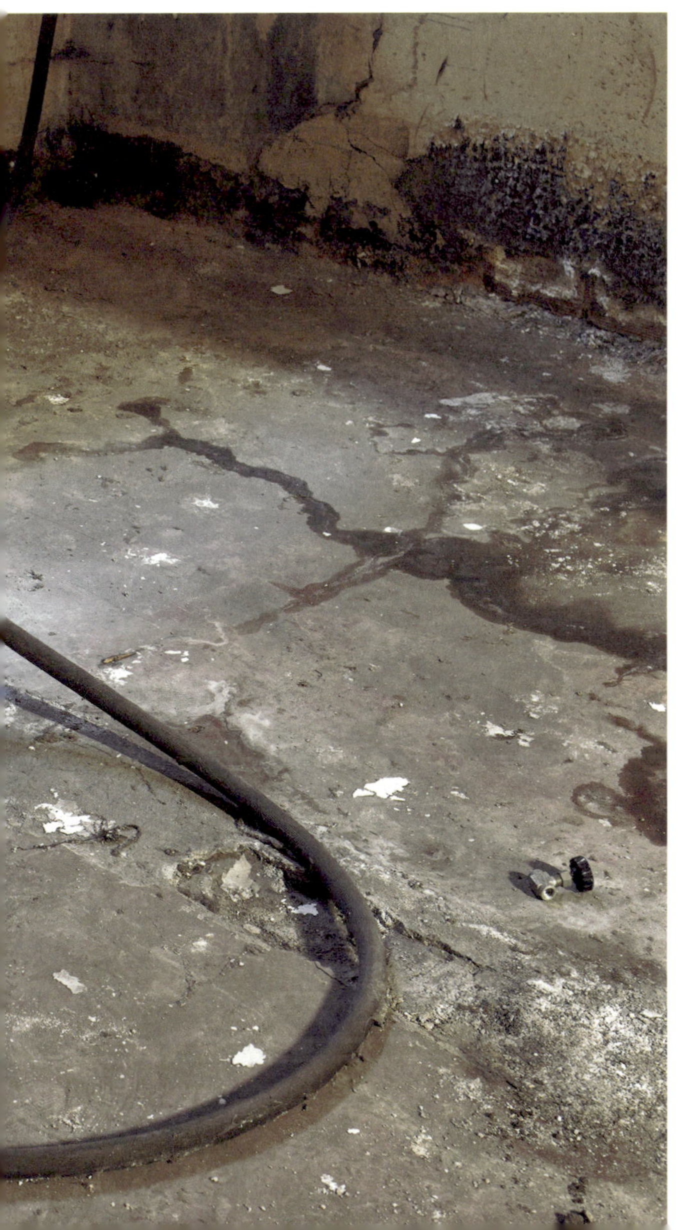

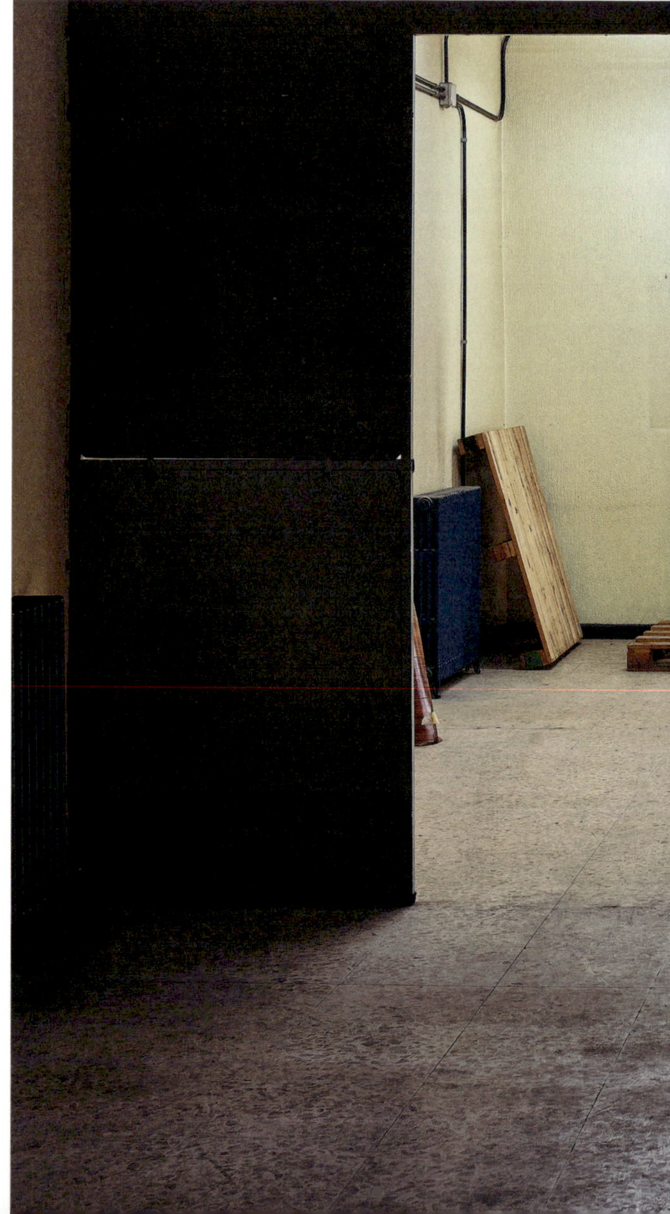

Pava prendida
dama de noche

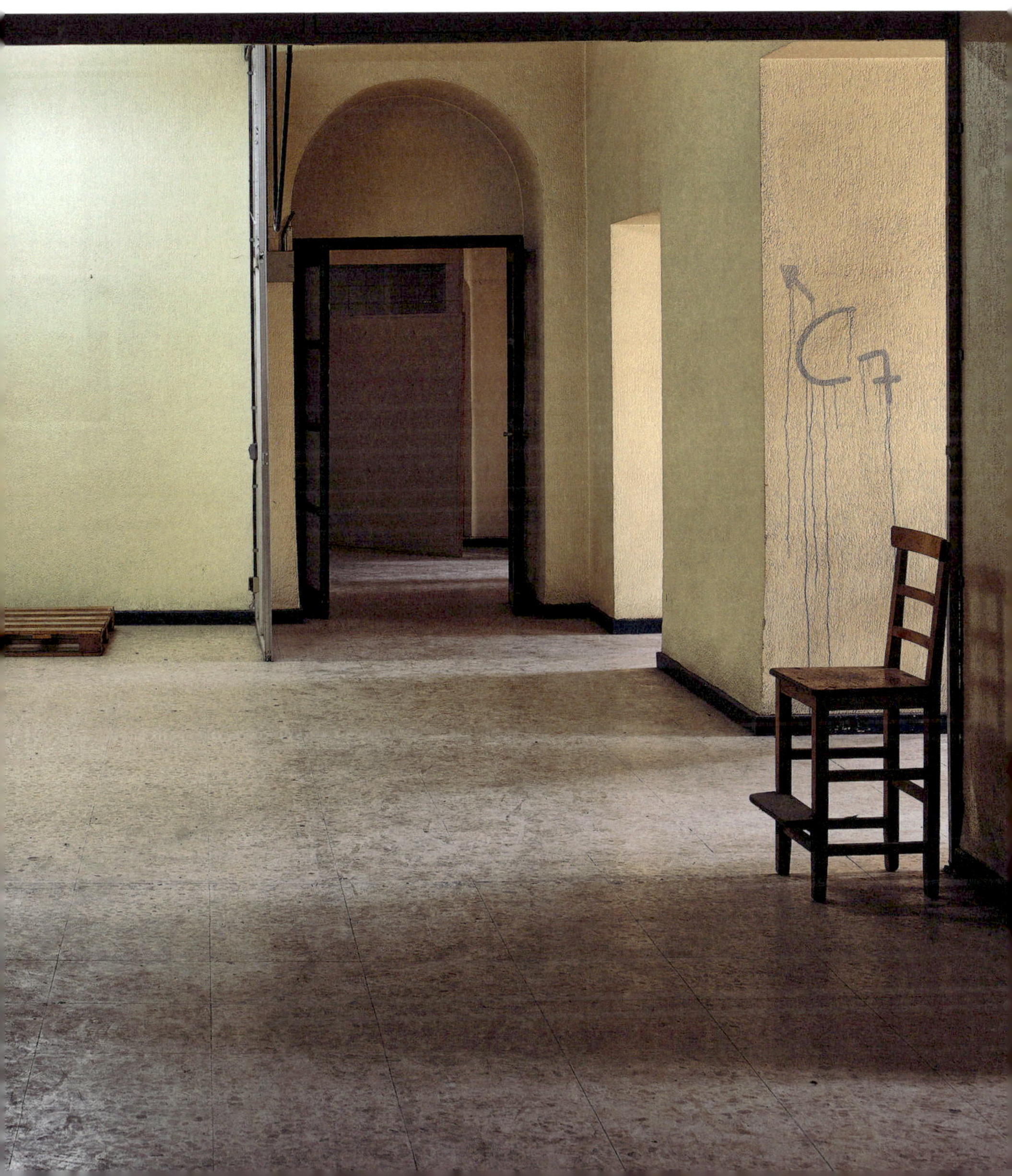

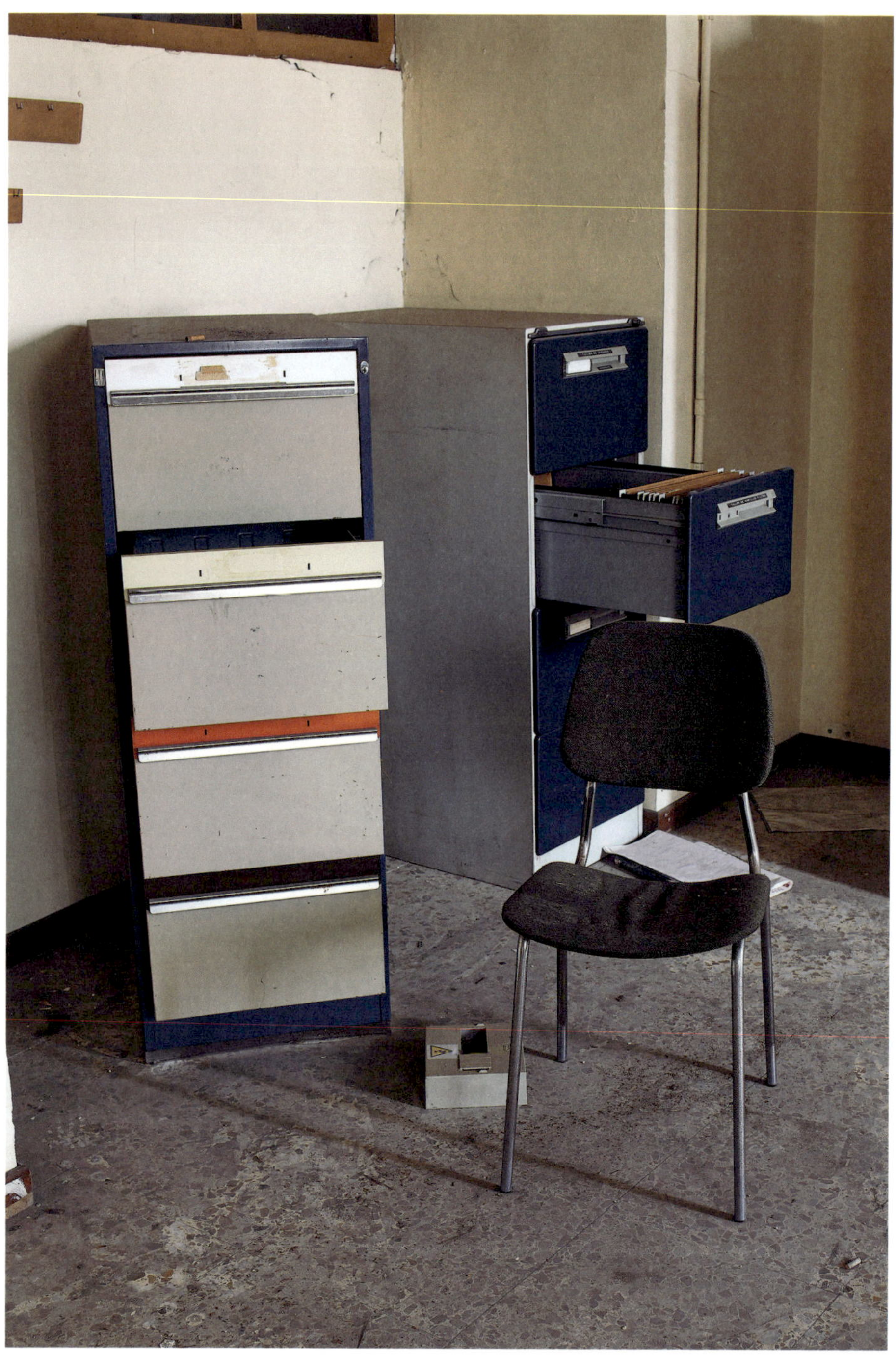

Colgar la crisma
de la humareda

Cargue la cruz
a contraluz

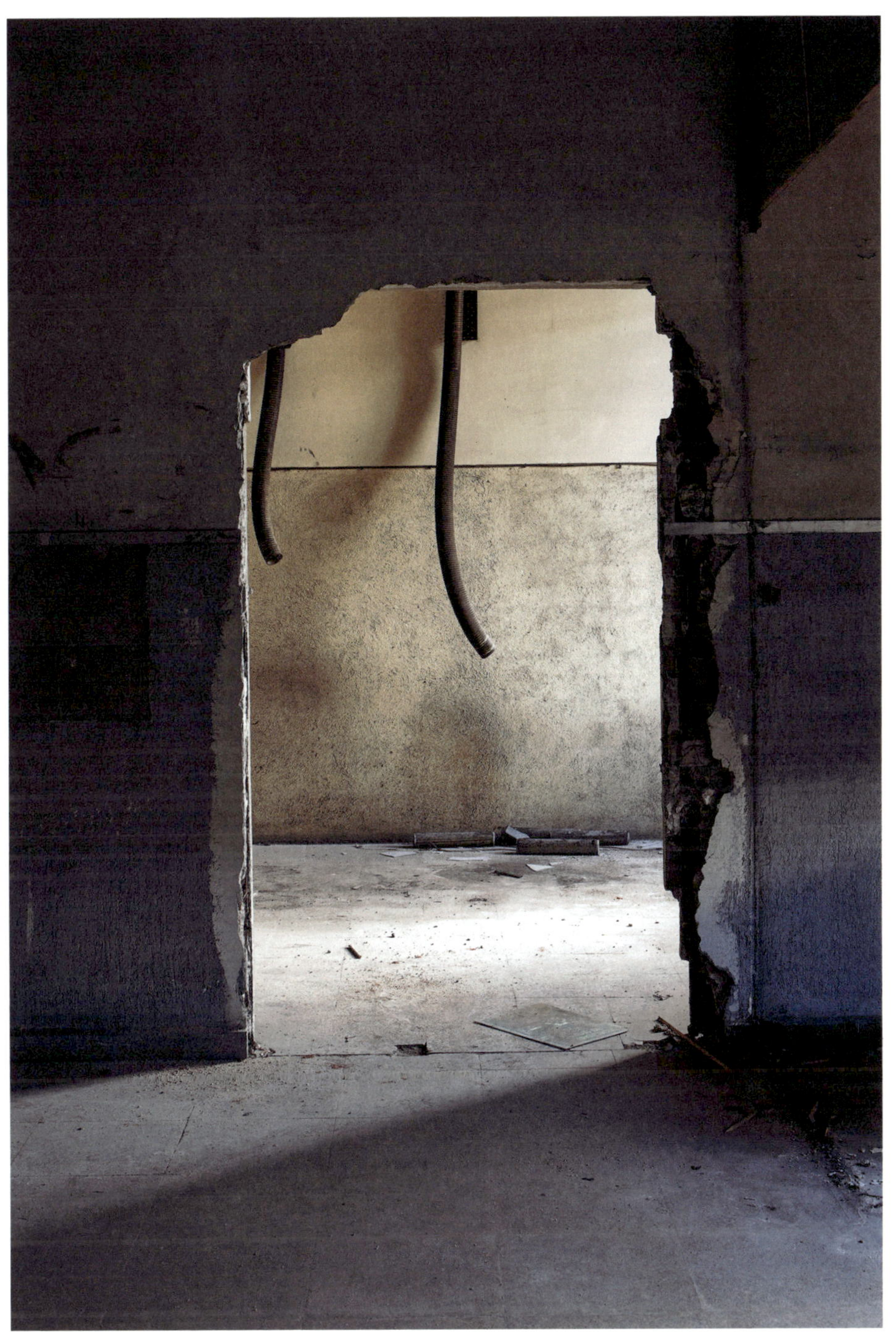

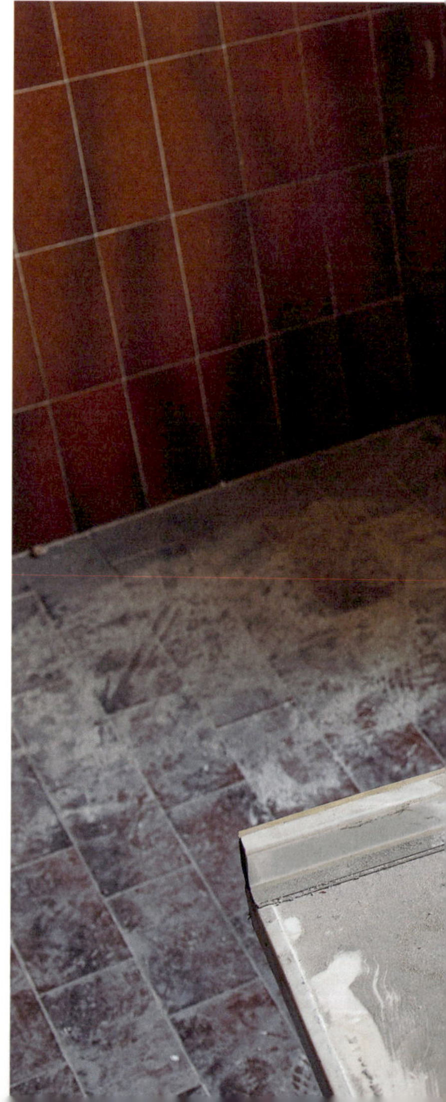

Lujo, calma
y alquitrán

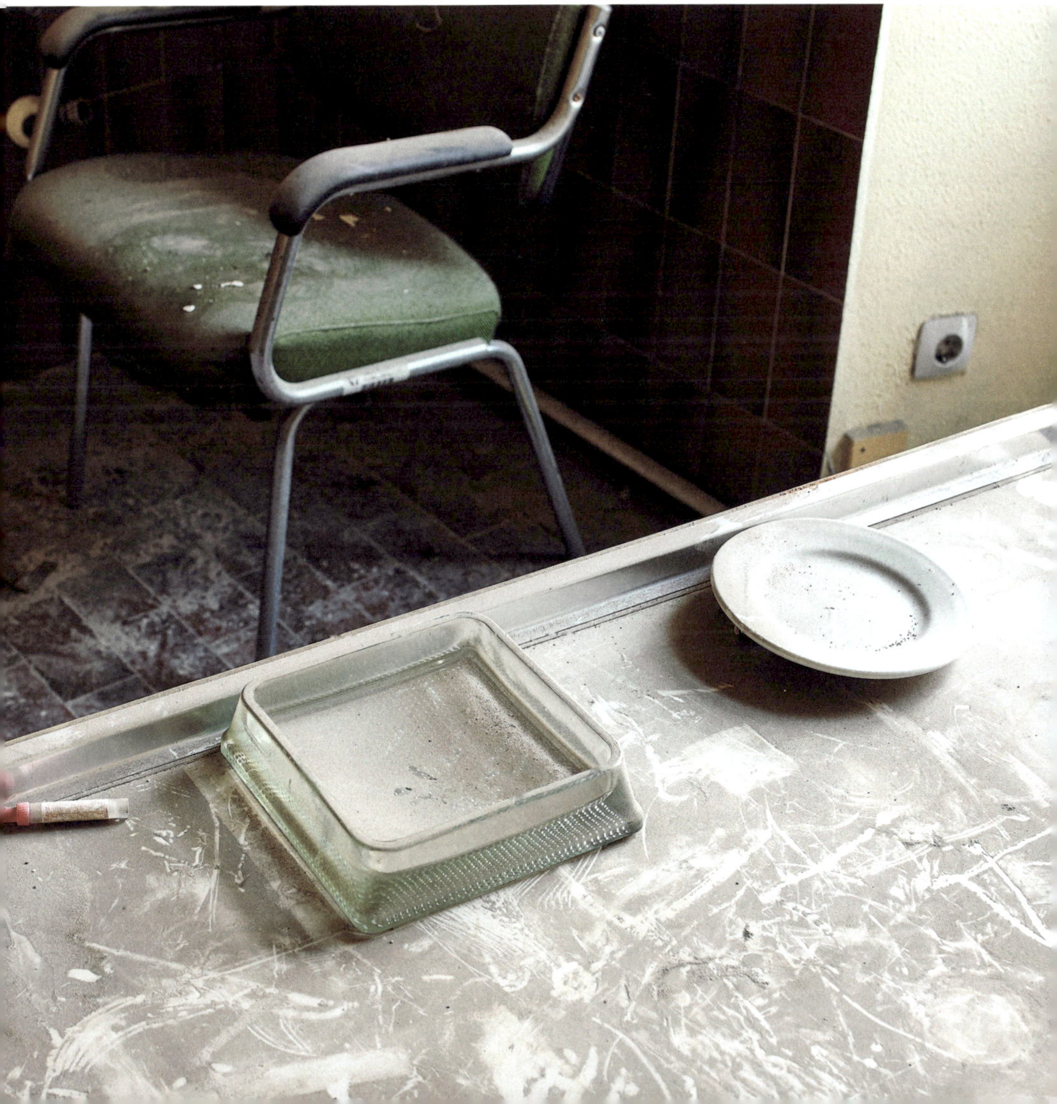

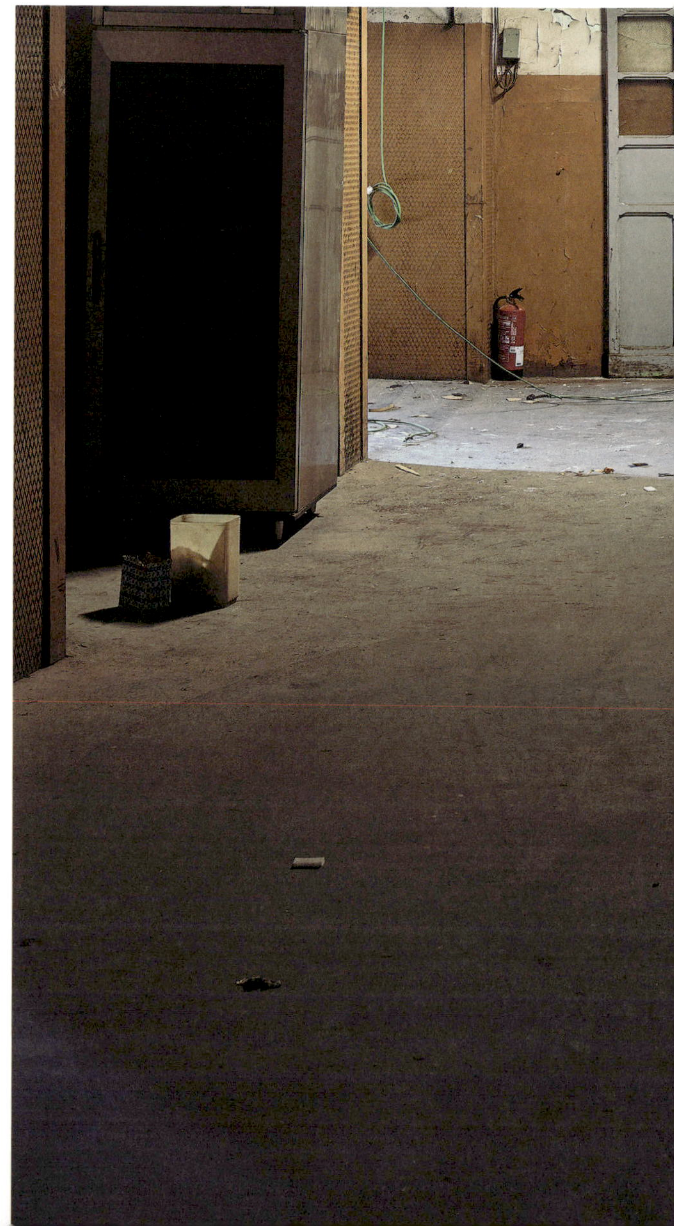

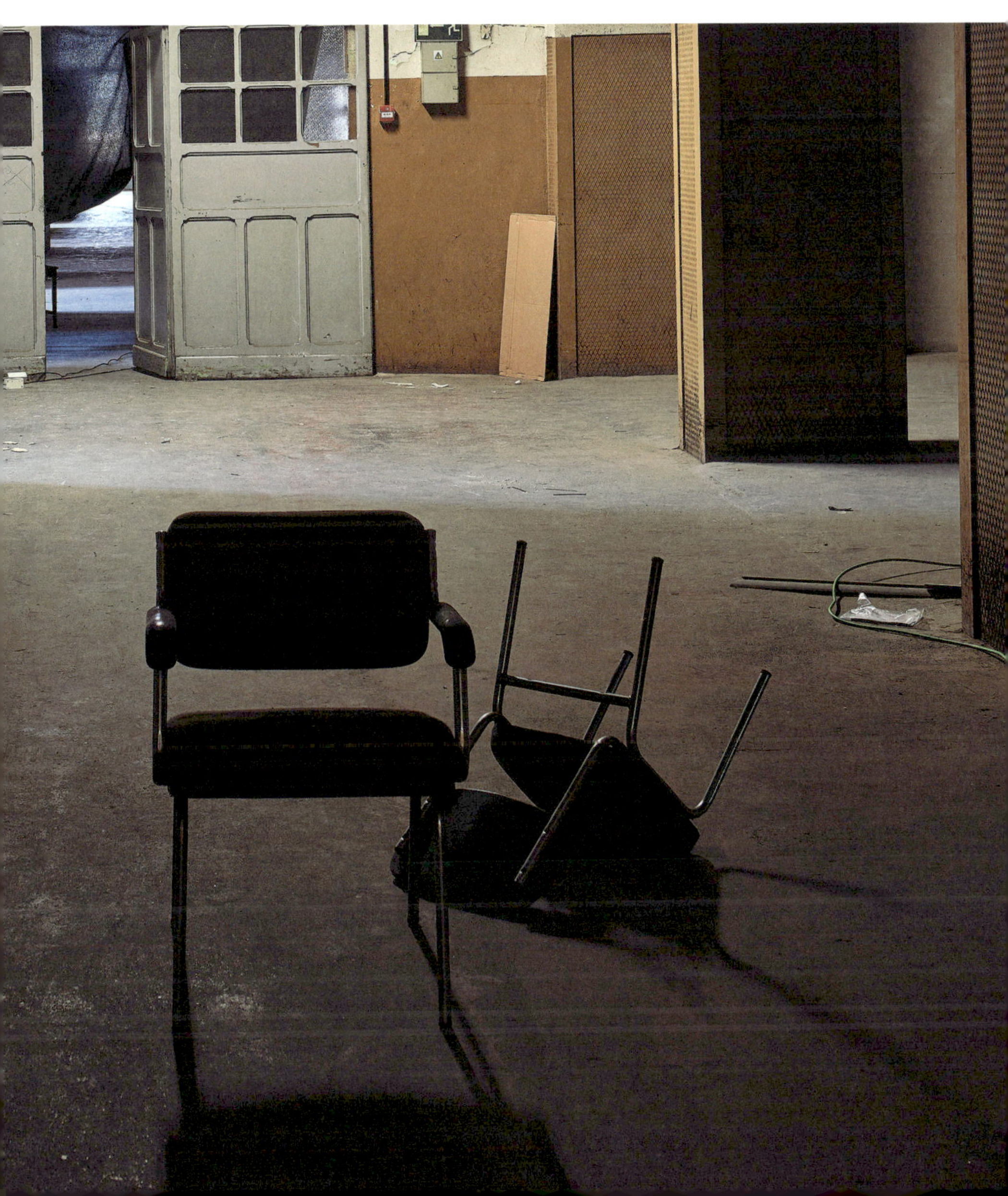

Nunca se acaba
de dejar atrás

IT'S TOASTED

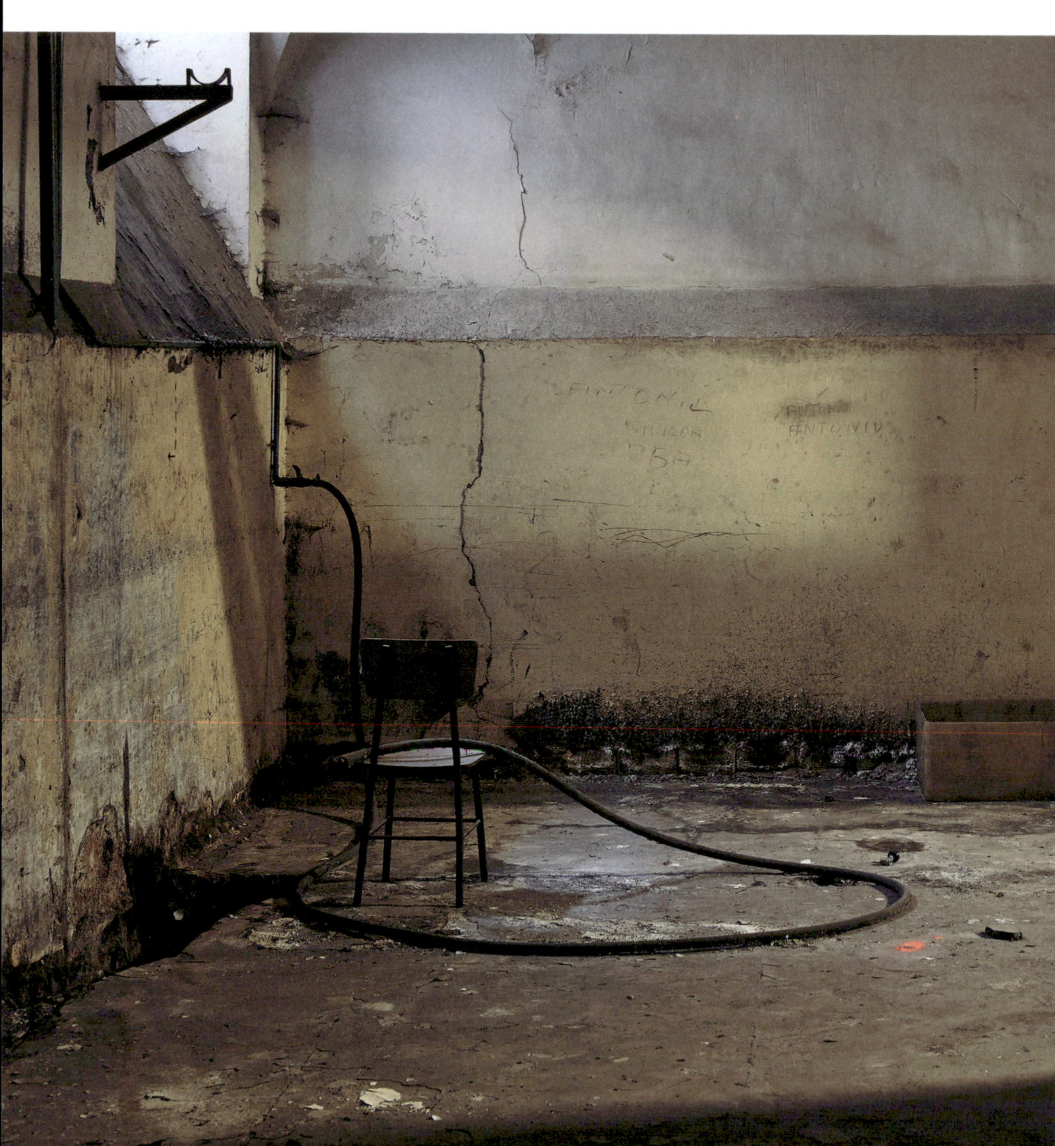

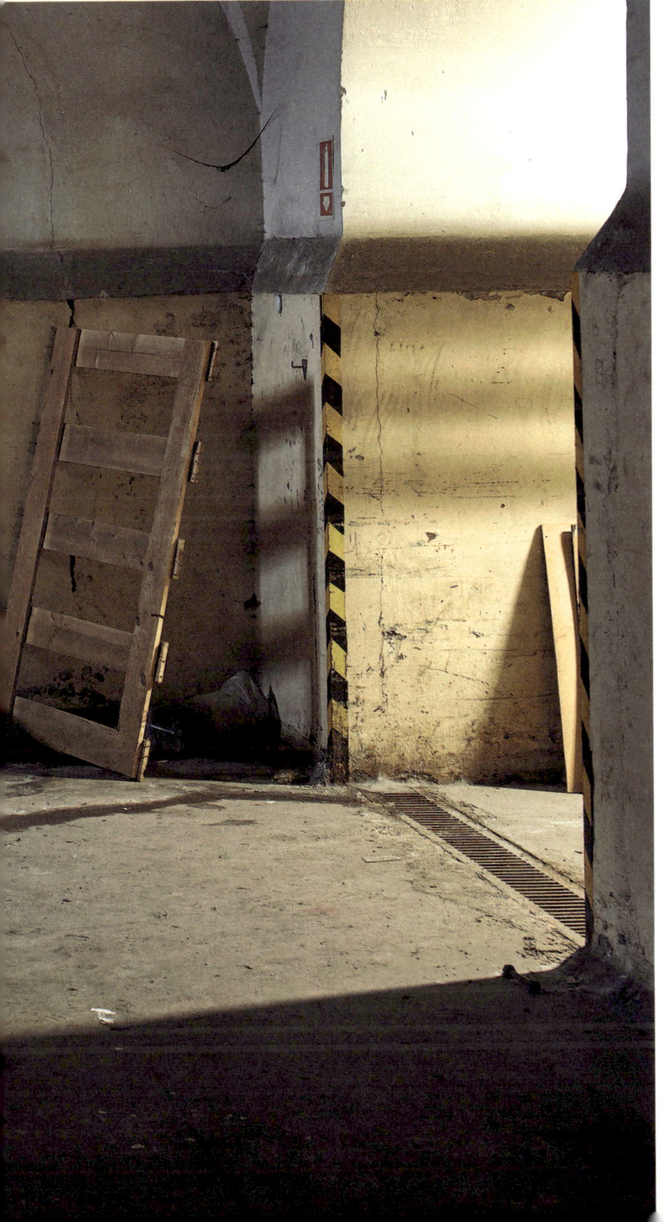

En el horno
siempre es de noche

MAKES ALL THE DIFFERENCE

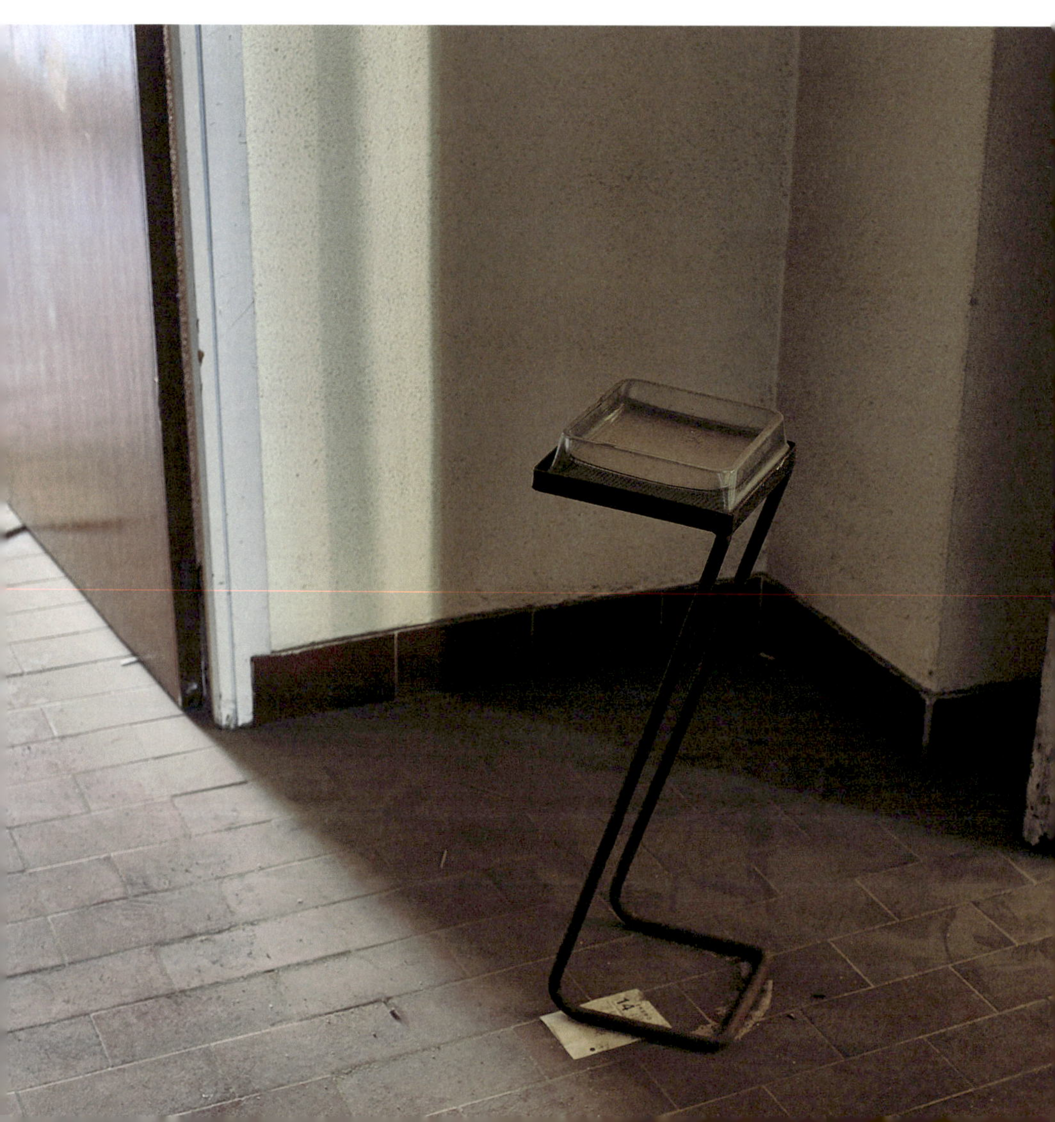

Vagabunda luz
fijas tinieblas

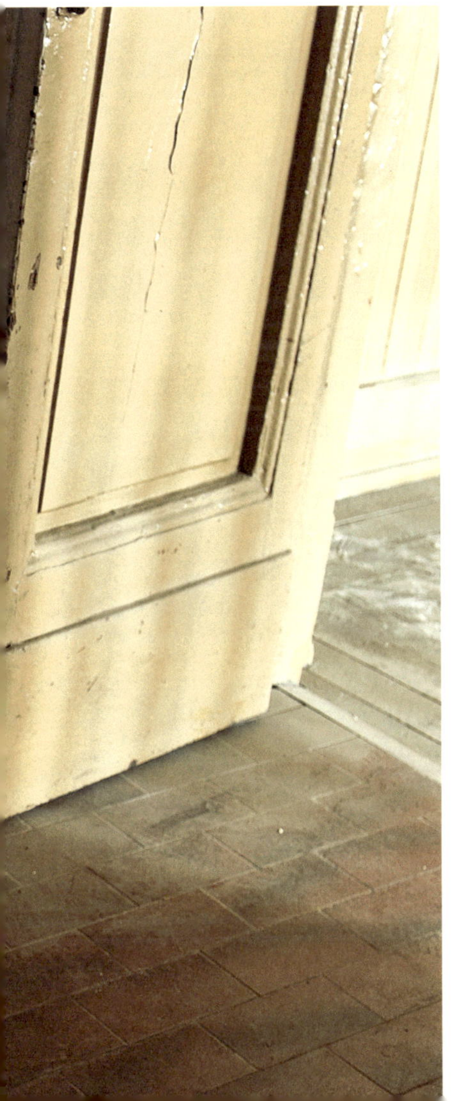

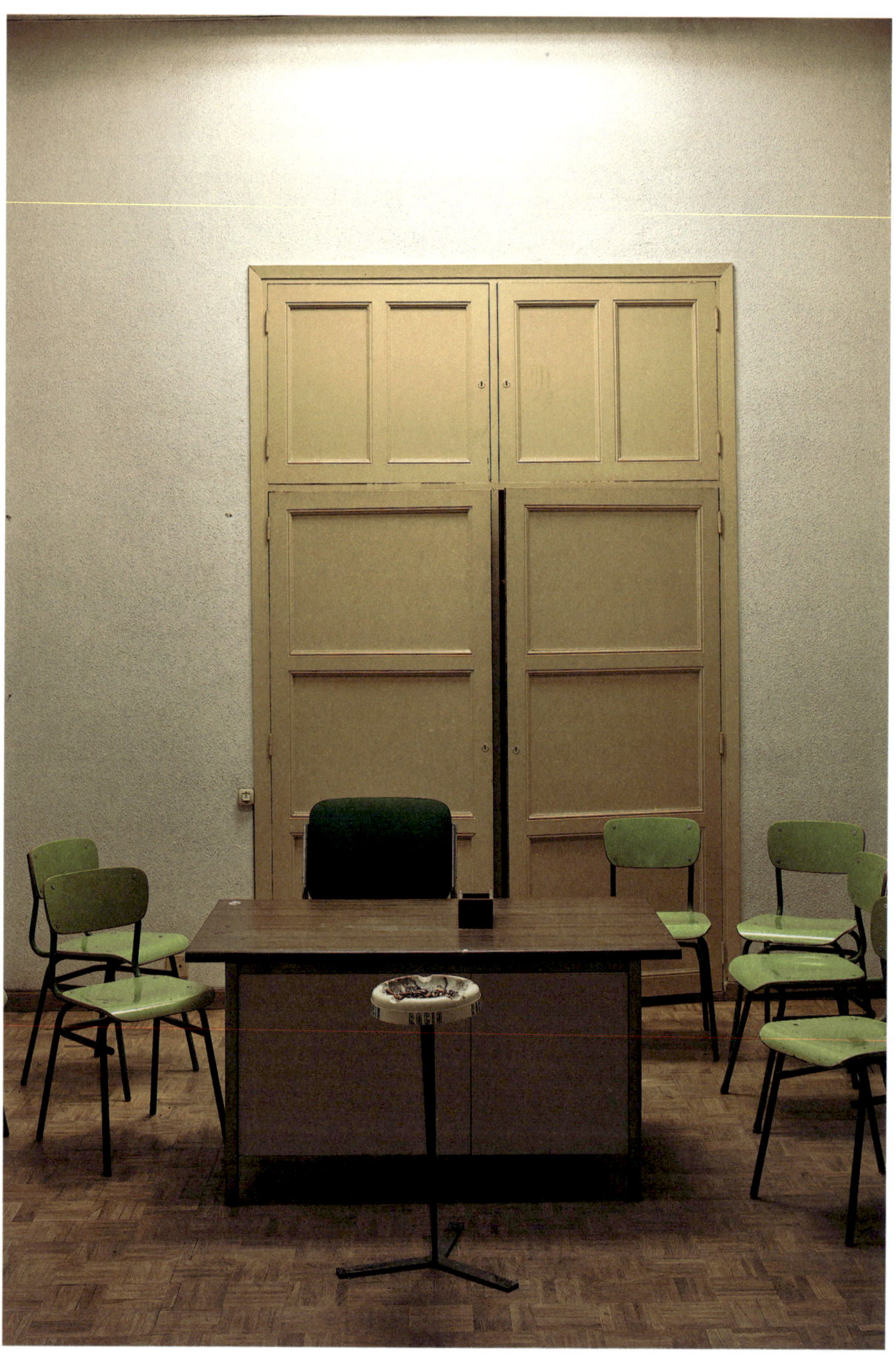

Fumando espera
más que la cuenta

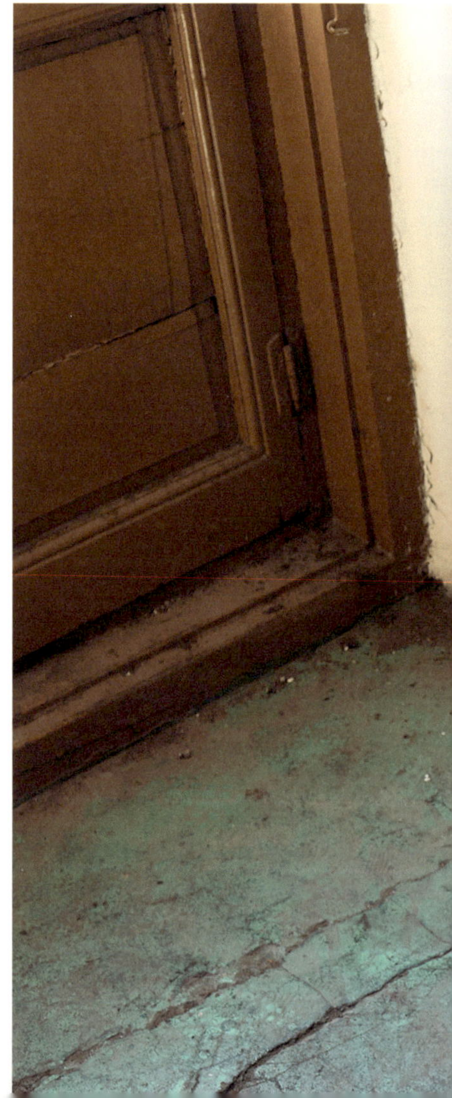

Primero querer
después gastar

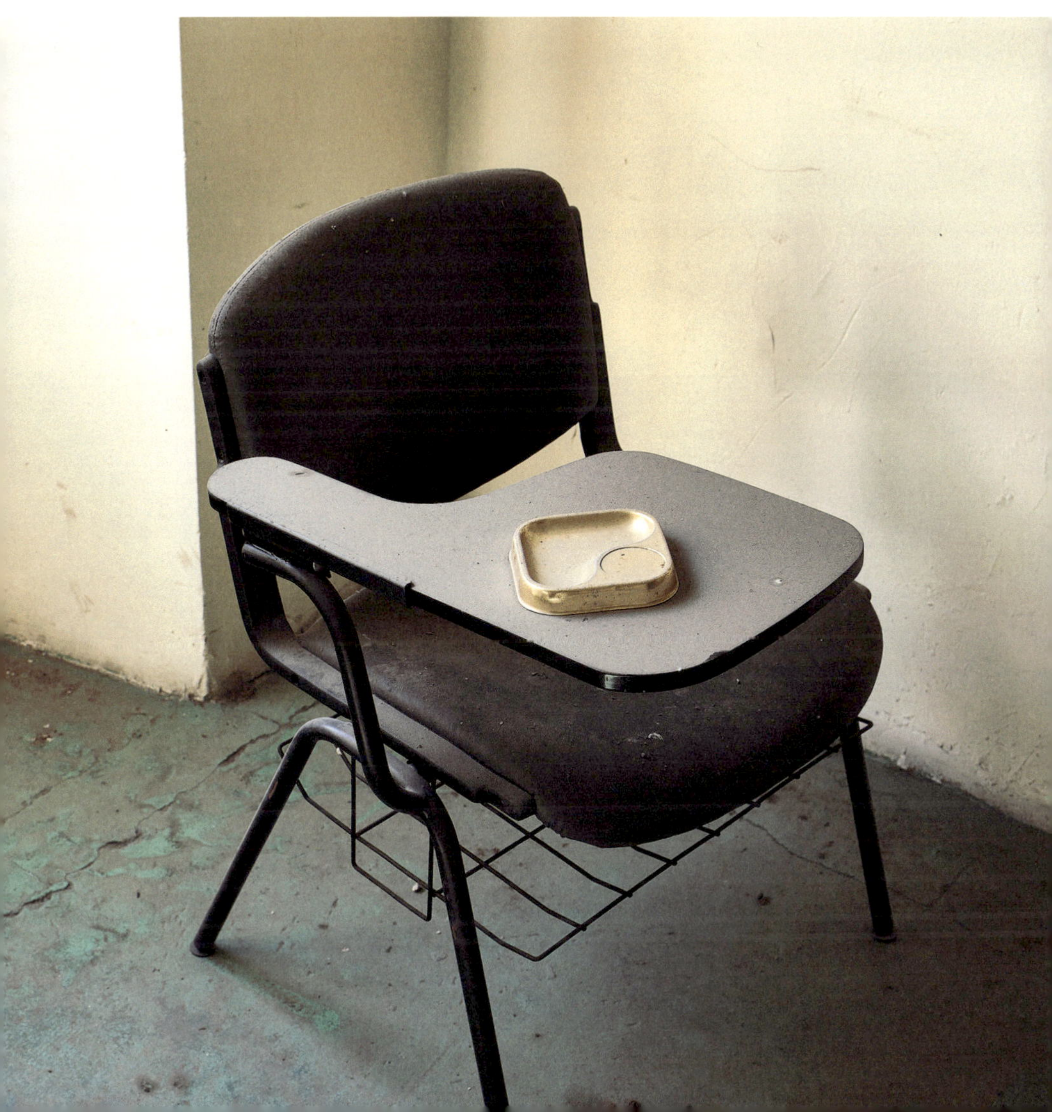

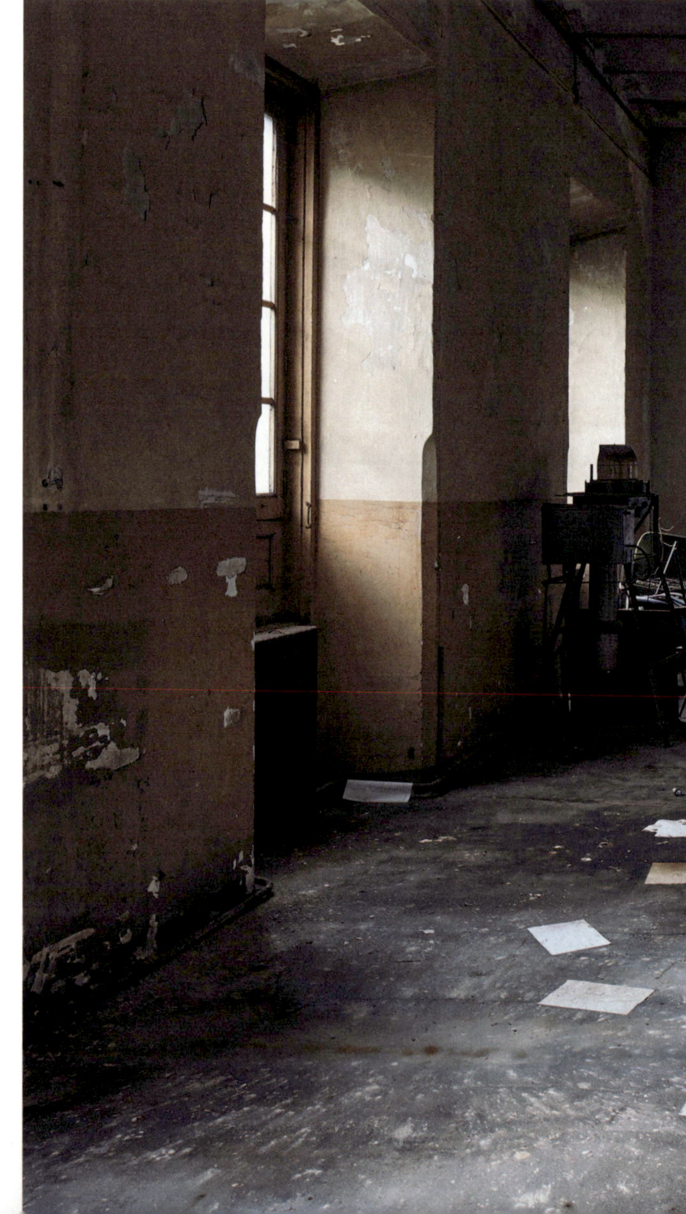

Bruma cargada
noche de bastos

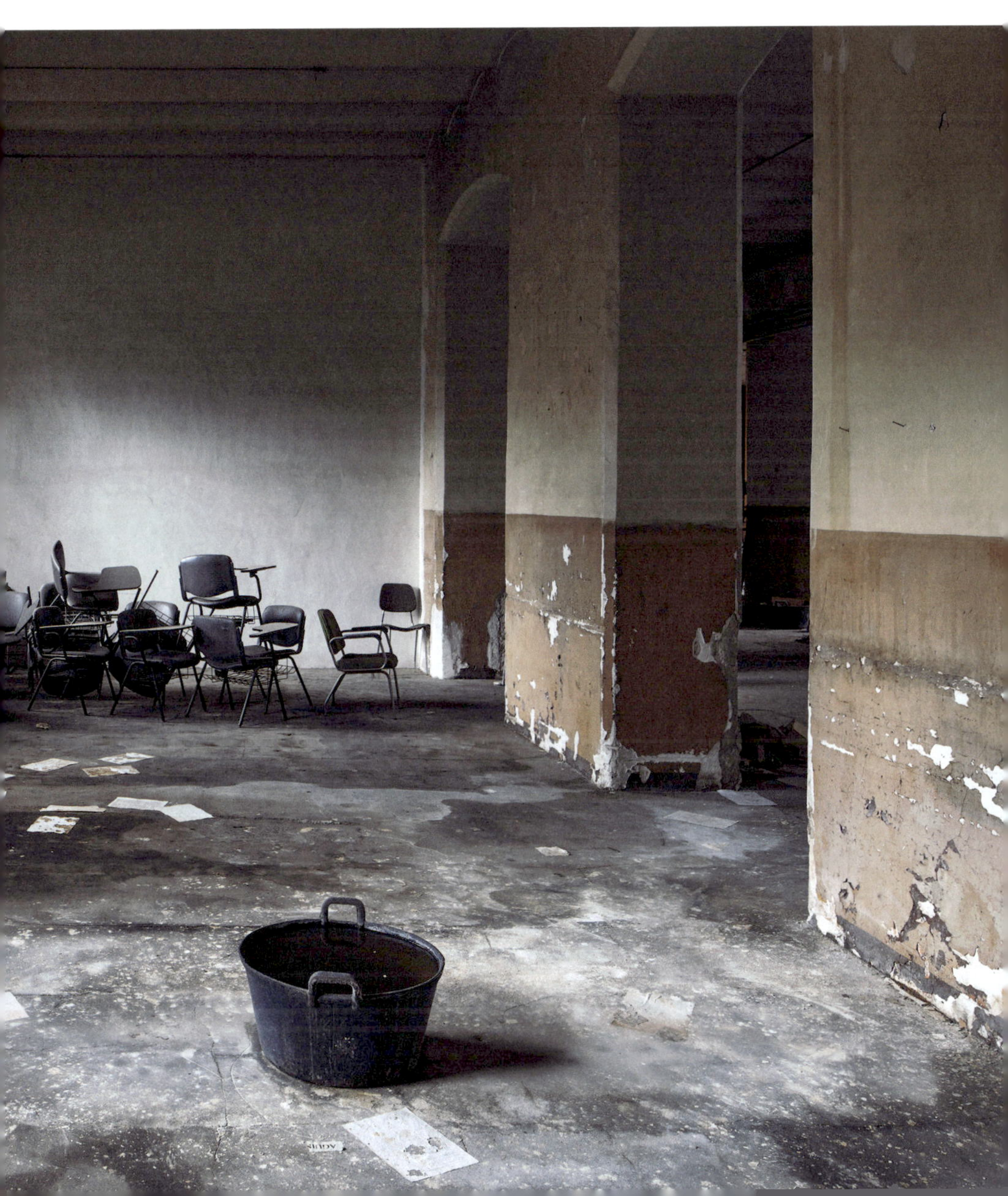

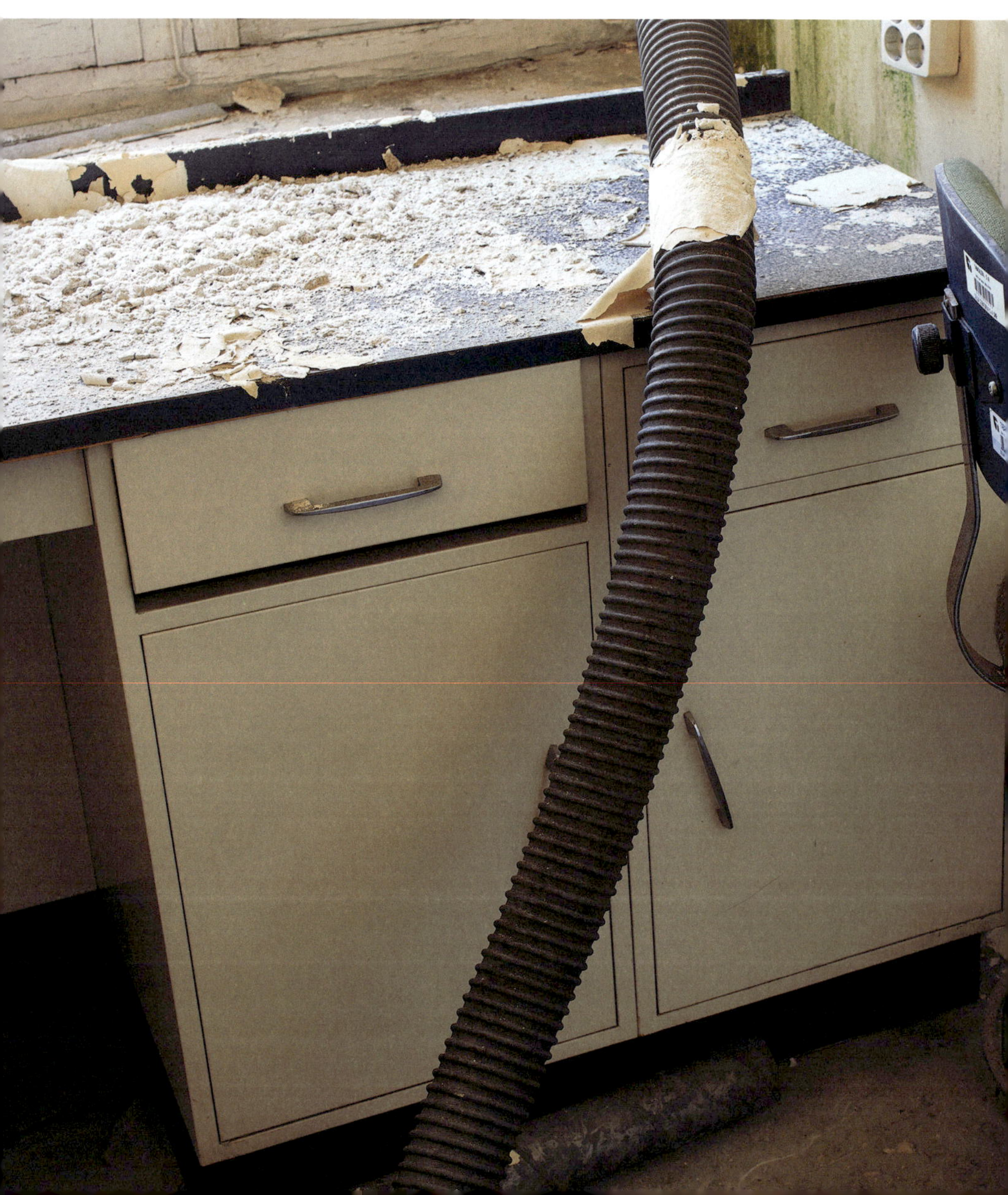

Comer estopa
beber petróleo

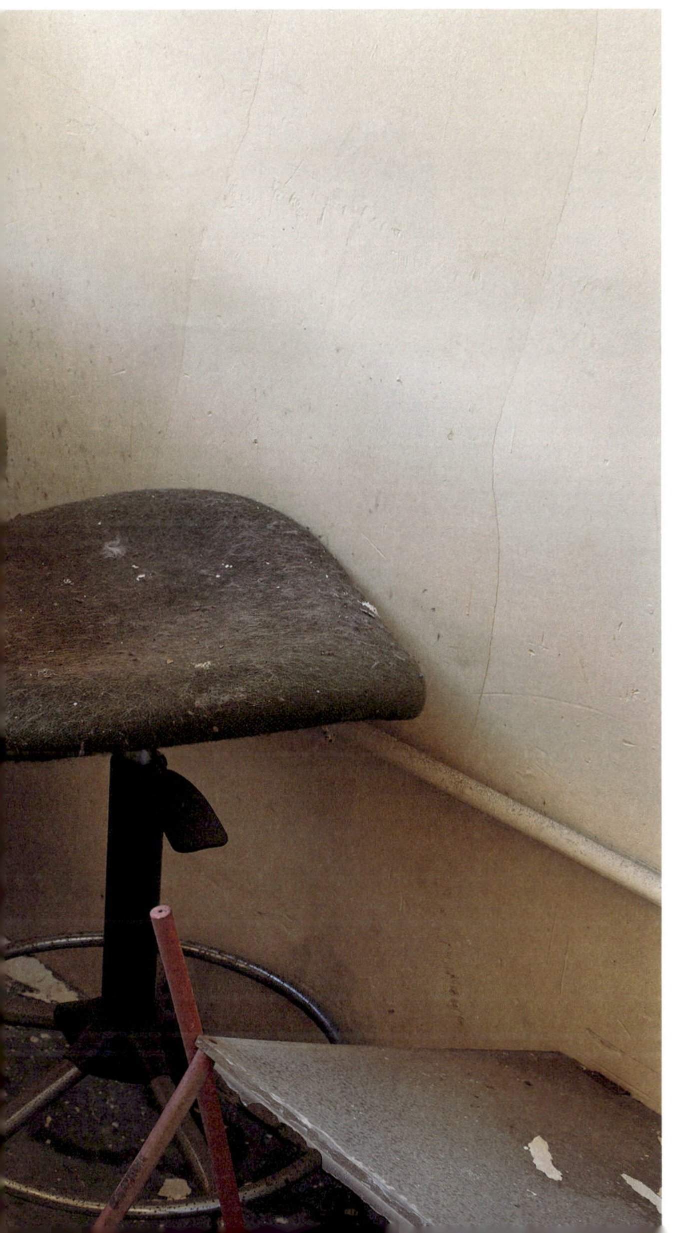

PLEASURE TO BURN

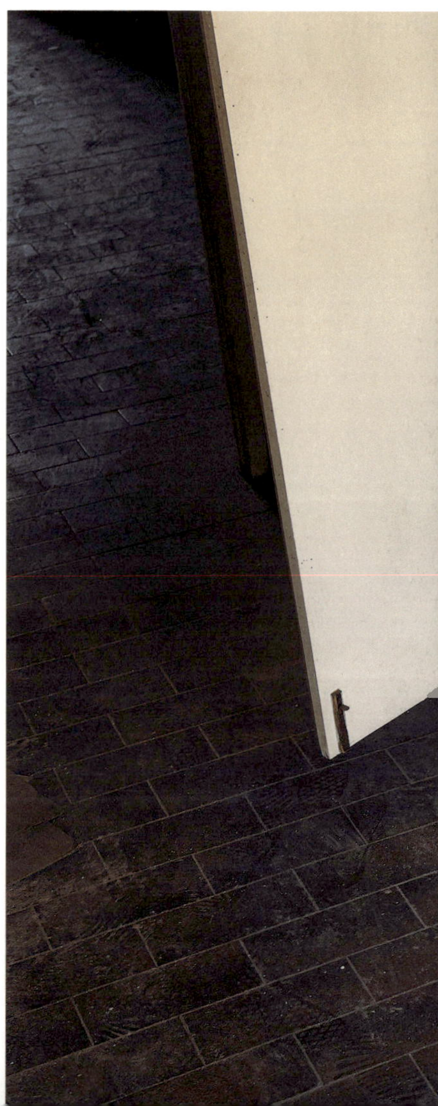

Nunca moverse
sin echar ceniza

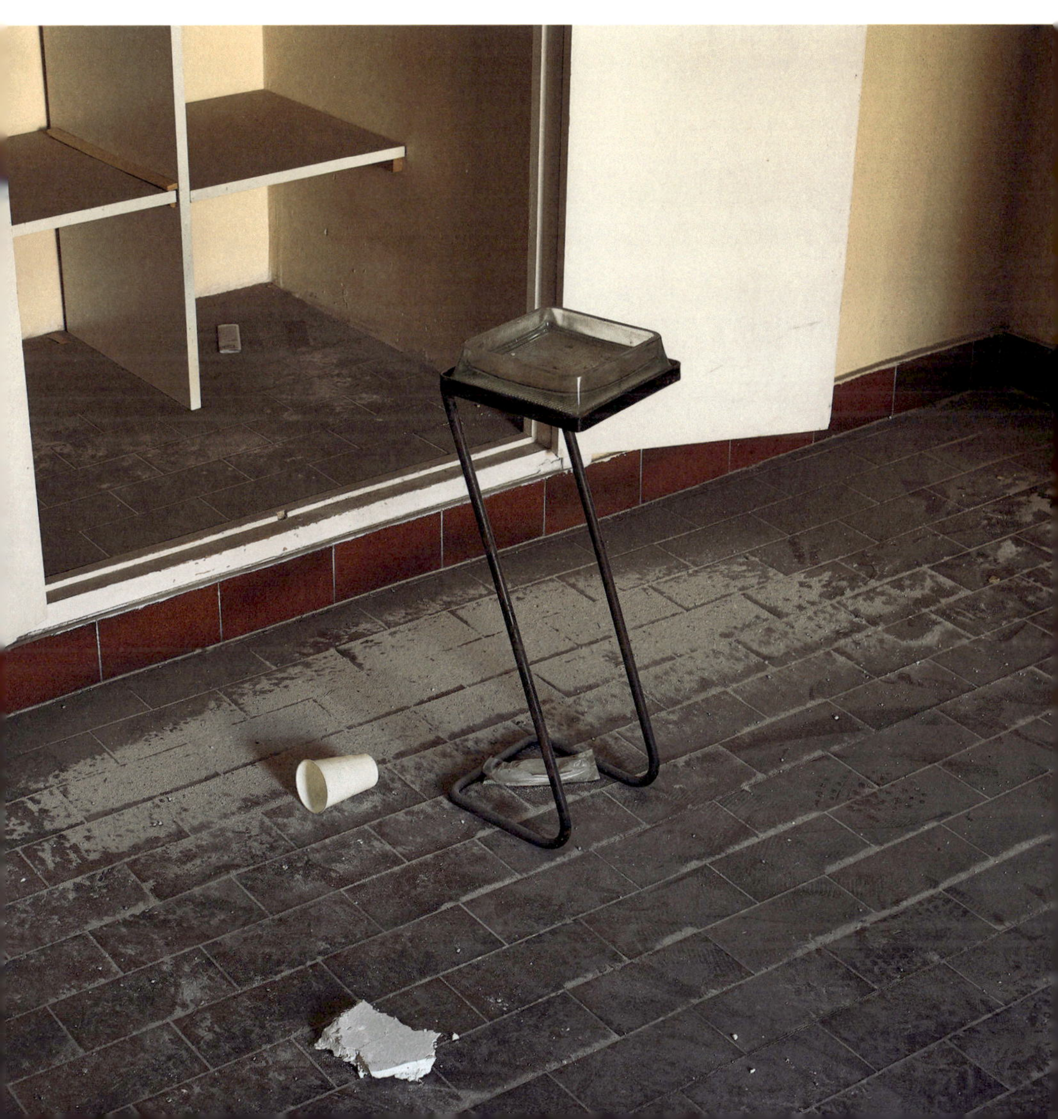

Pardo nublado
paloma plomo

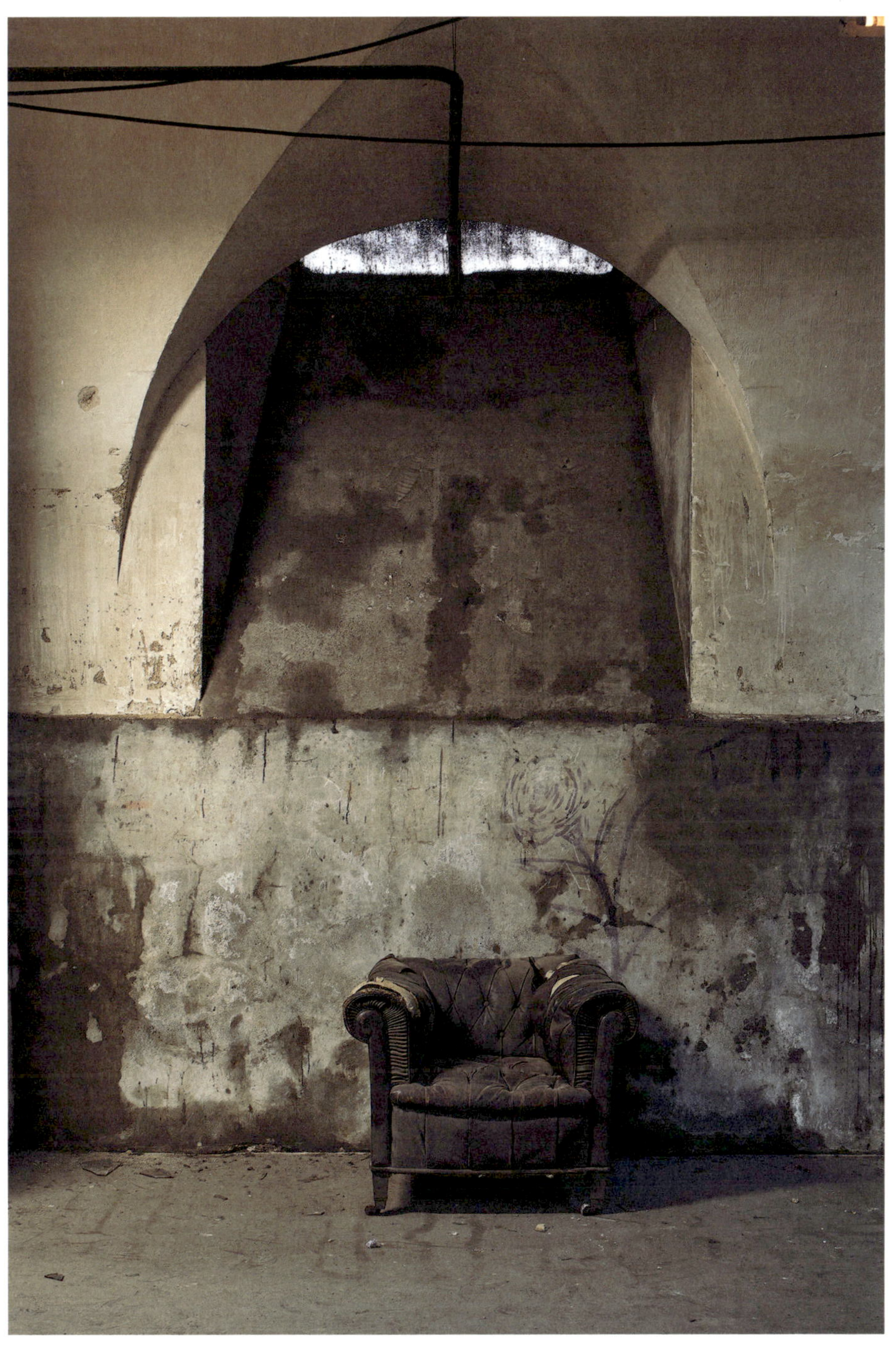

DISCOVER THE UNEXPECTED

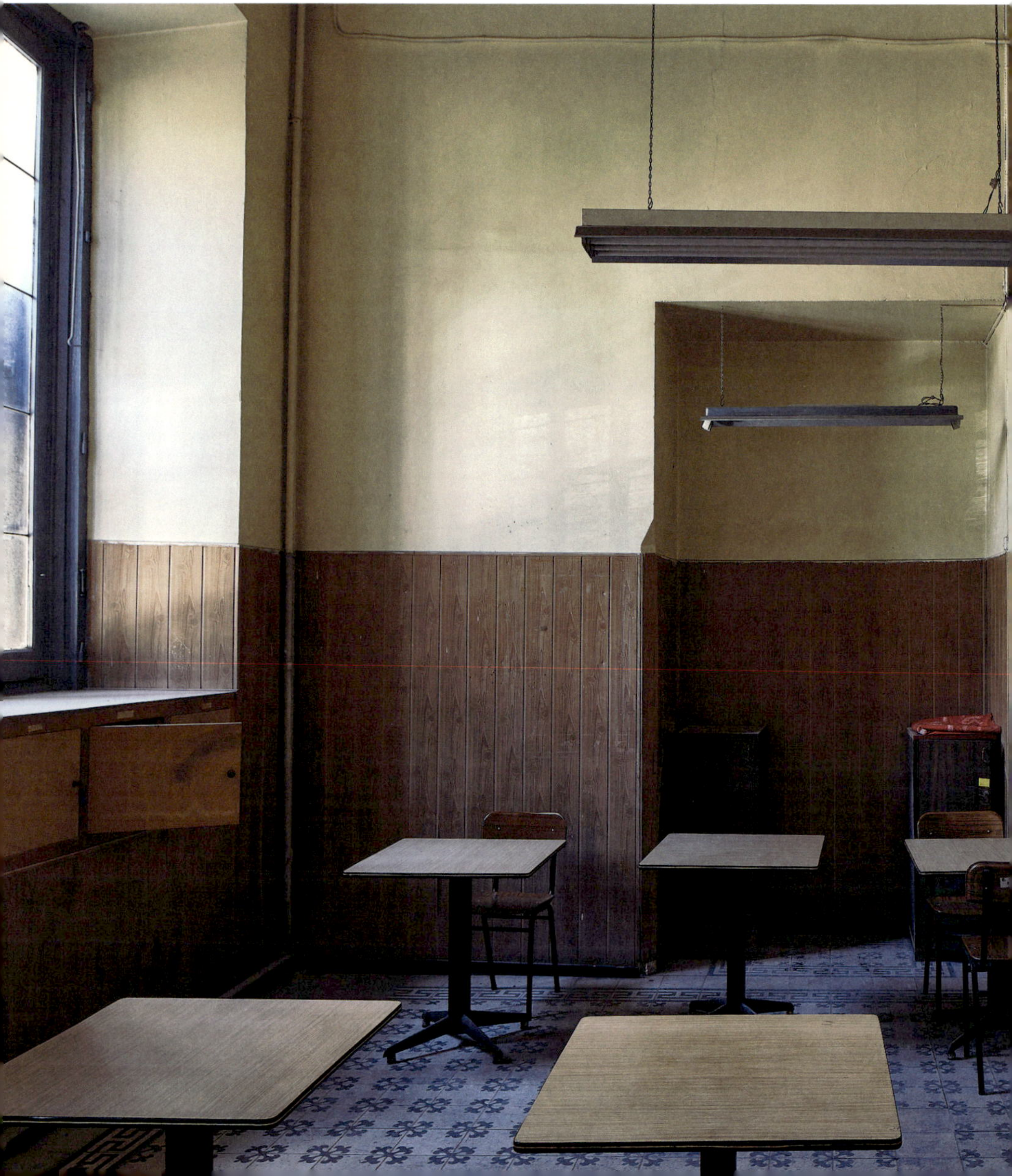

Estrellarse
en una aurora

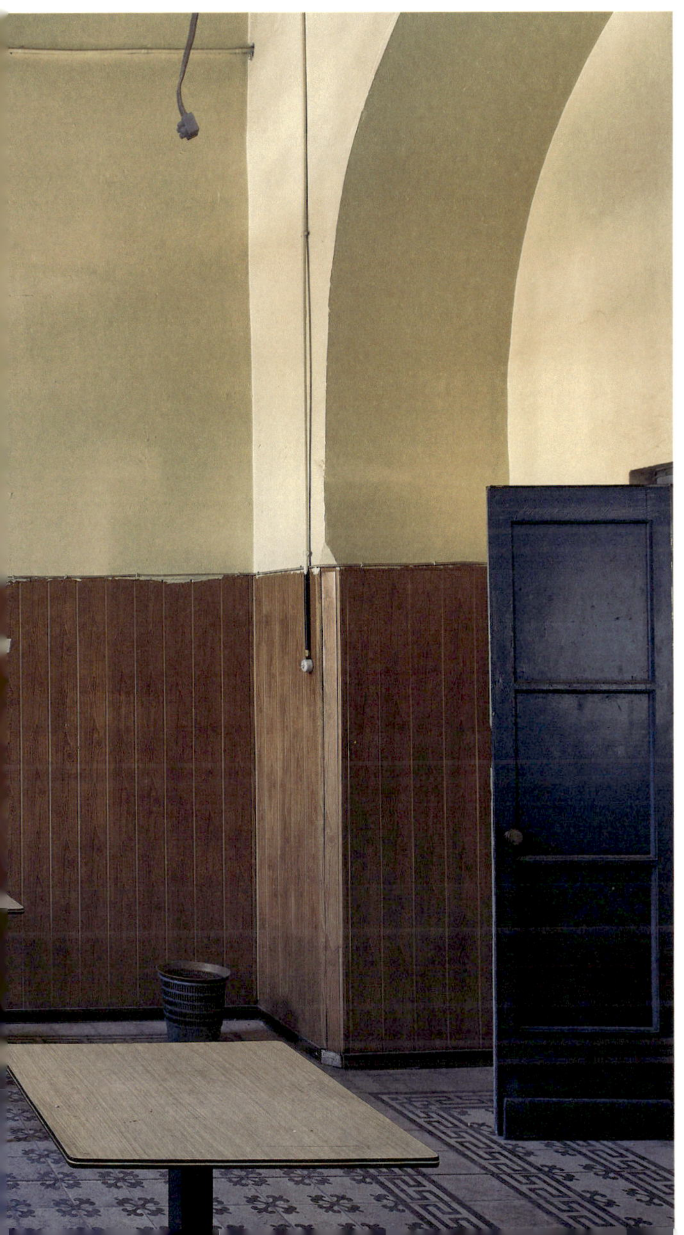

FEEL AS GOOD AS NEW

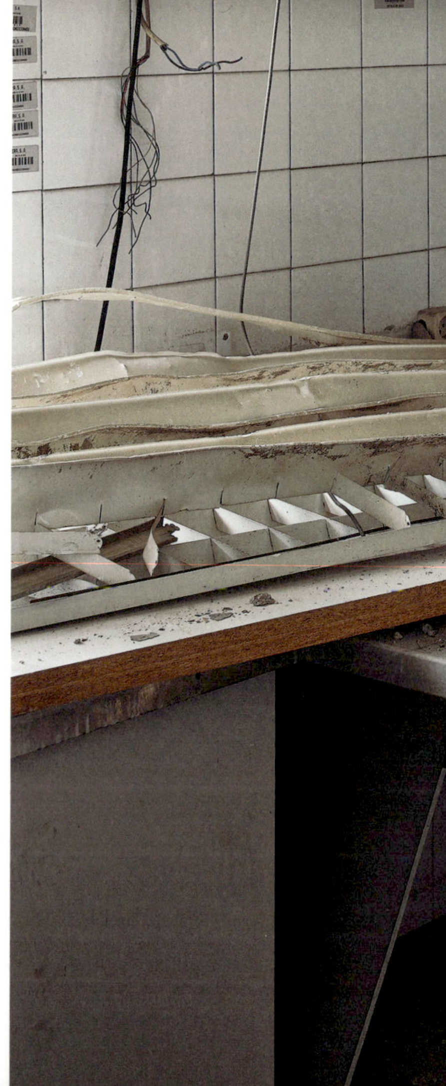

Nido de tigres
clarín de carne

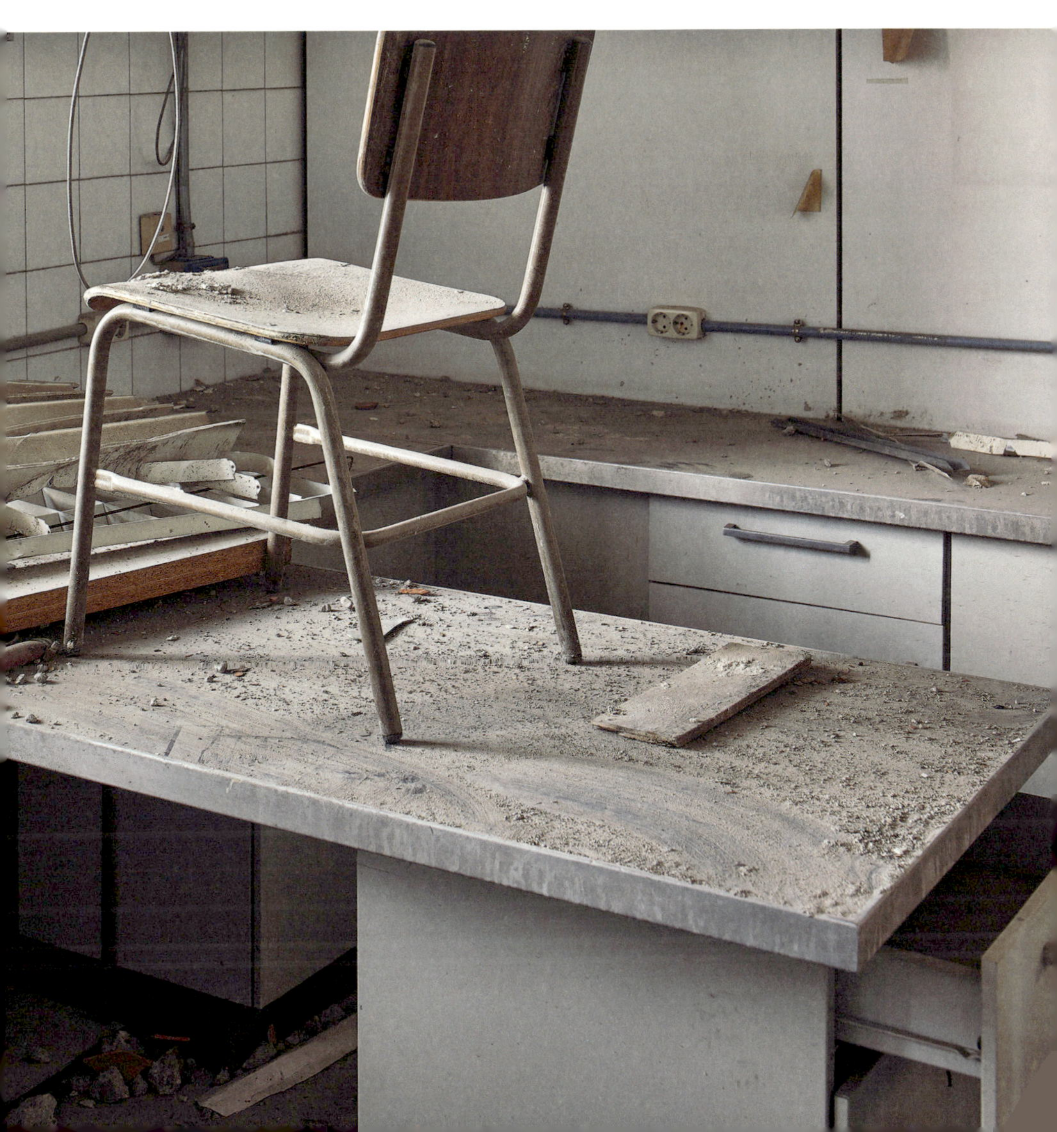

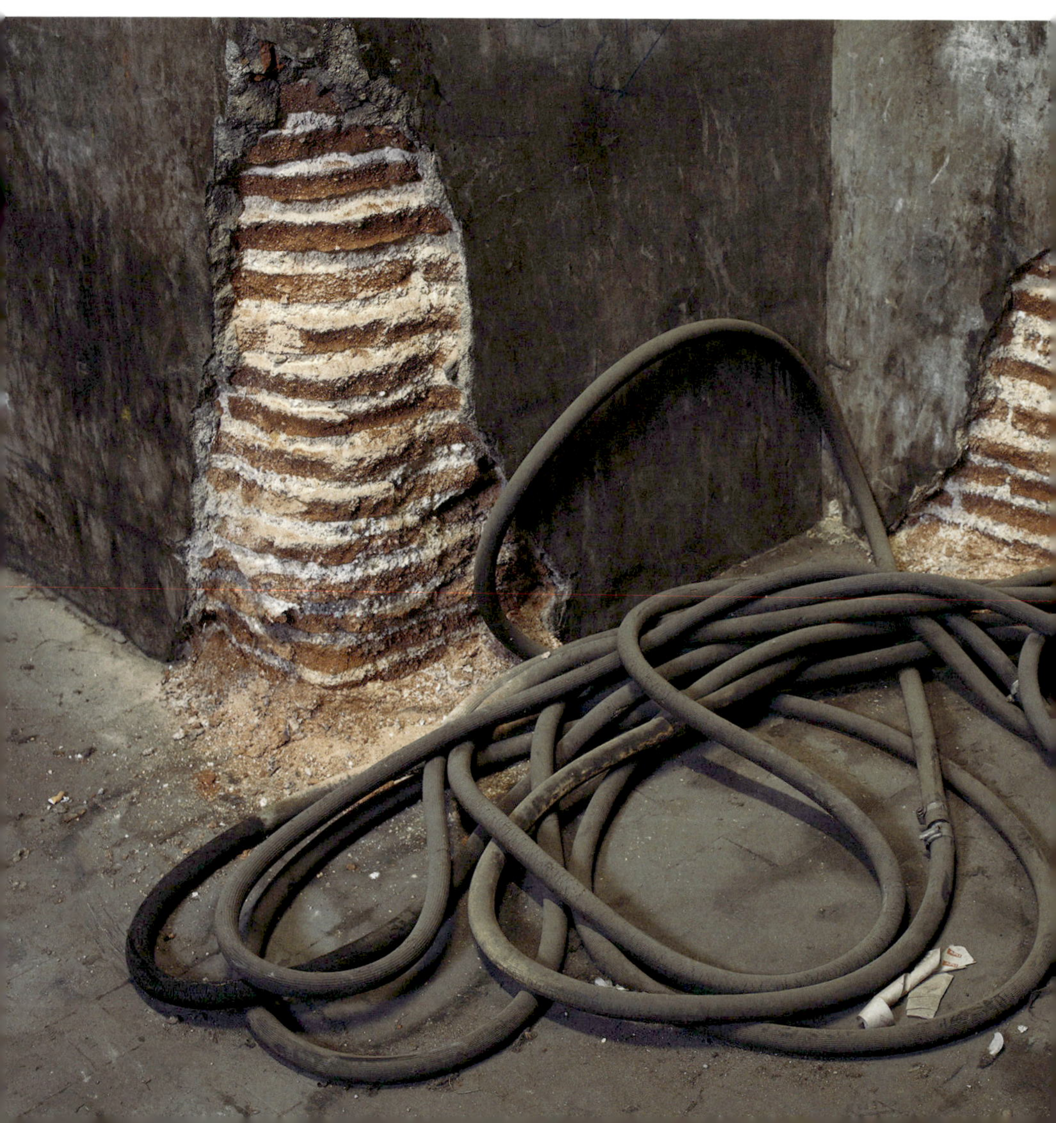

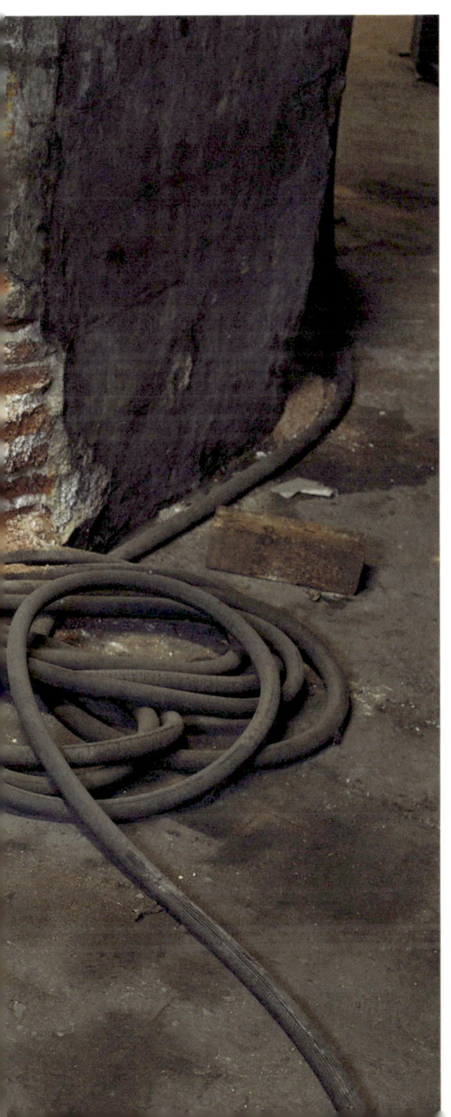

Atar humos
por el rabo

QUALITY FOR THE CONNOISSEUR

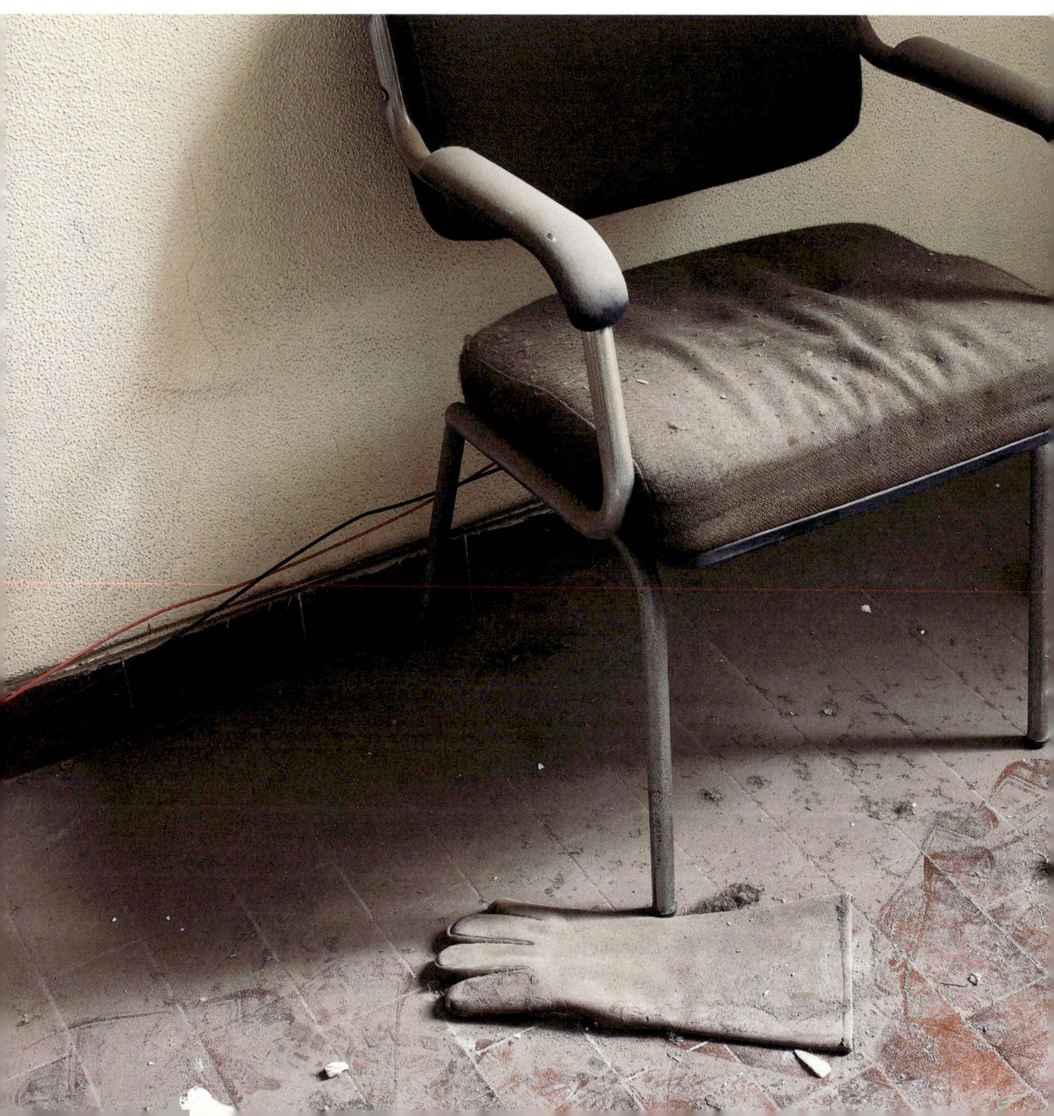

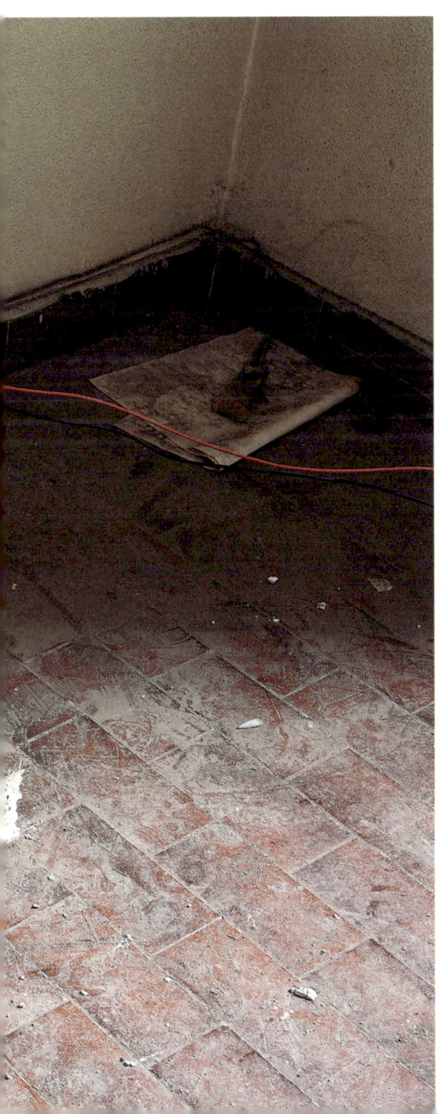

Ameno humo
humana mano

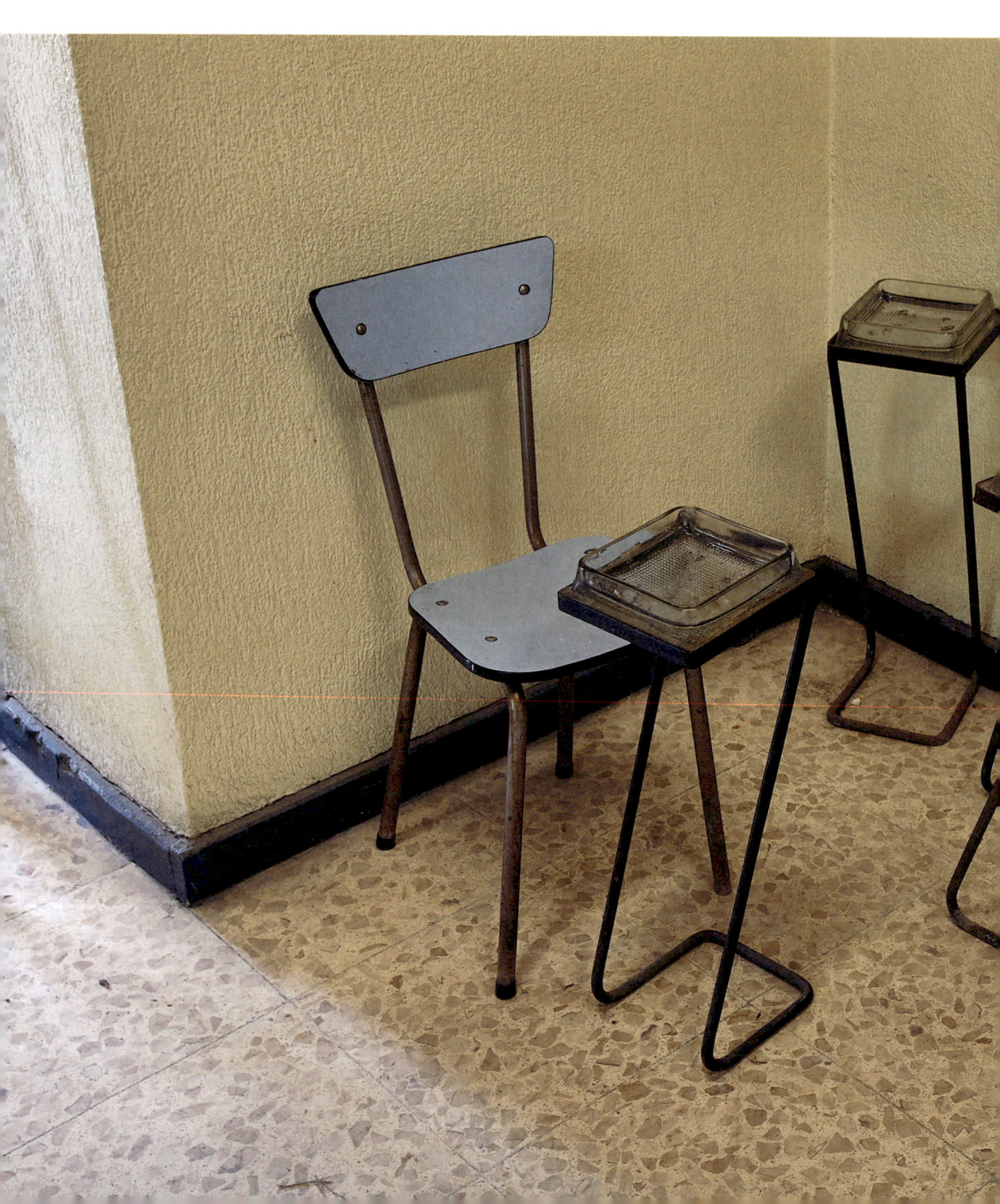

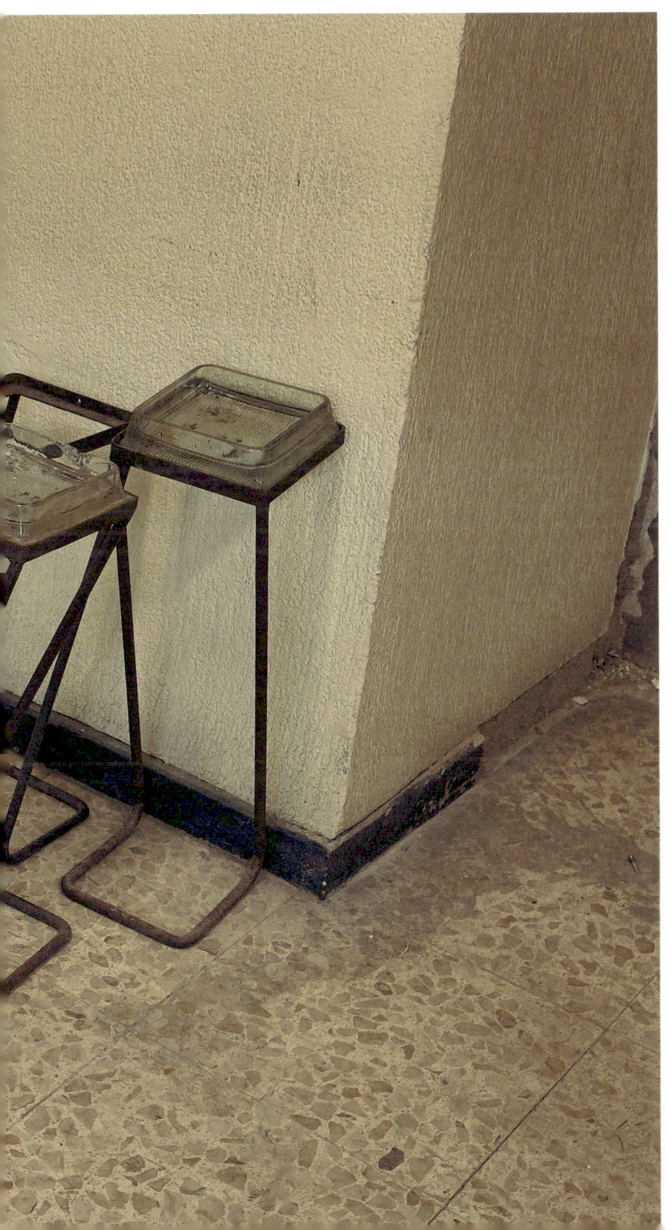

THEY'RE REAL

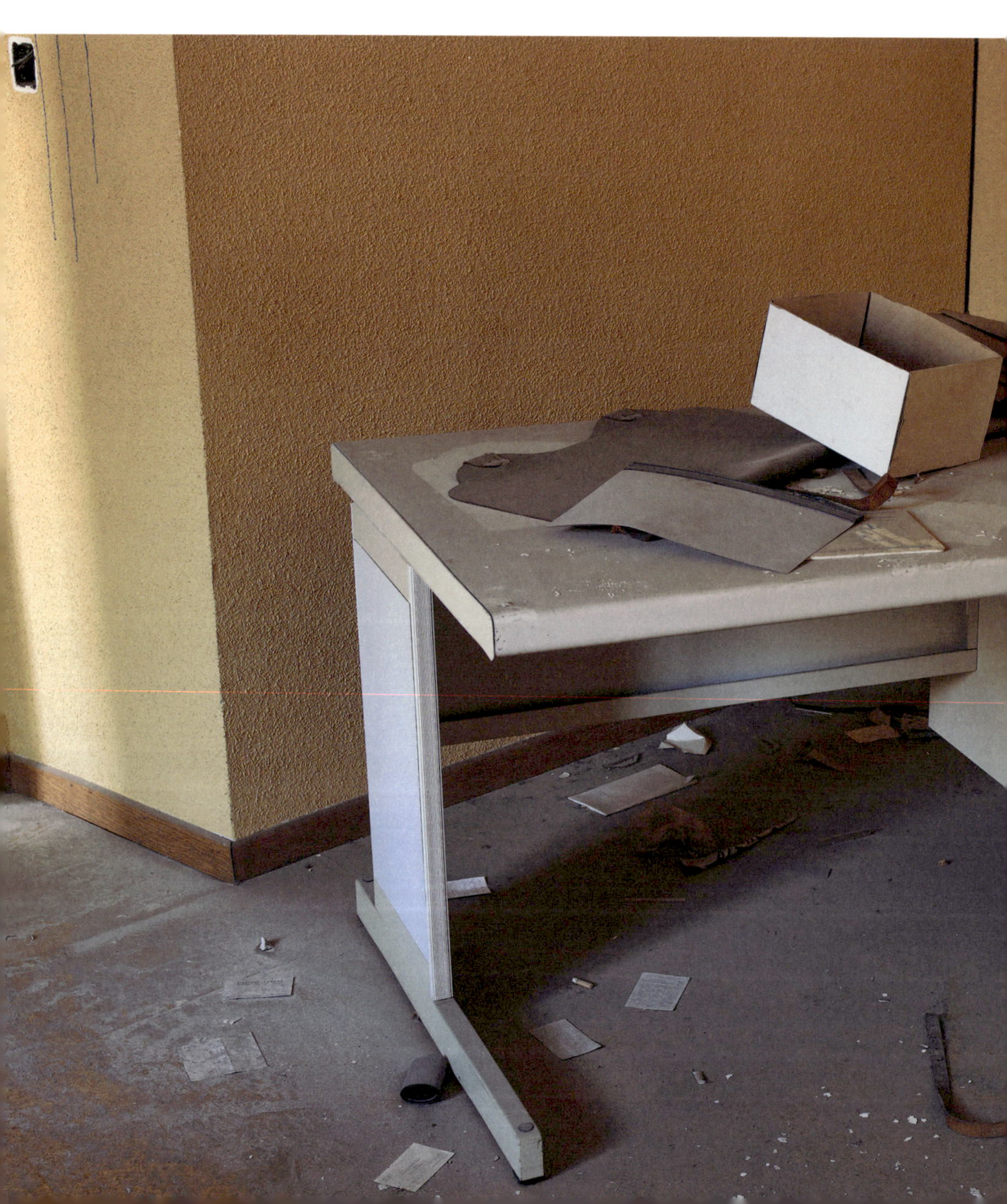

Cenicientas
tempestades

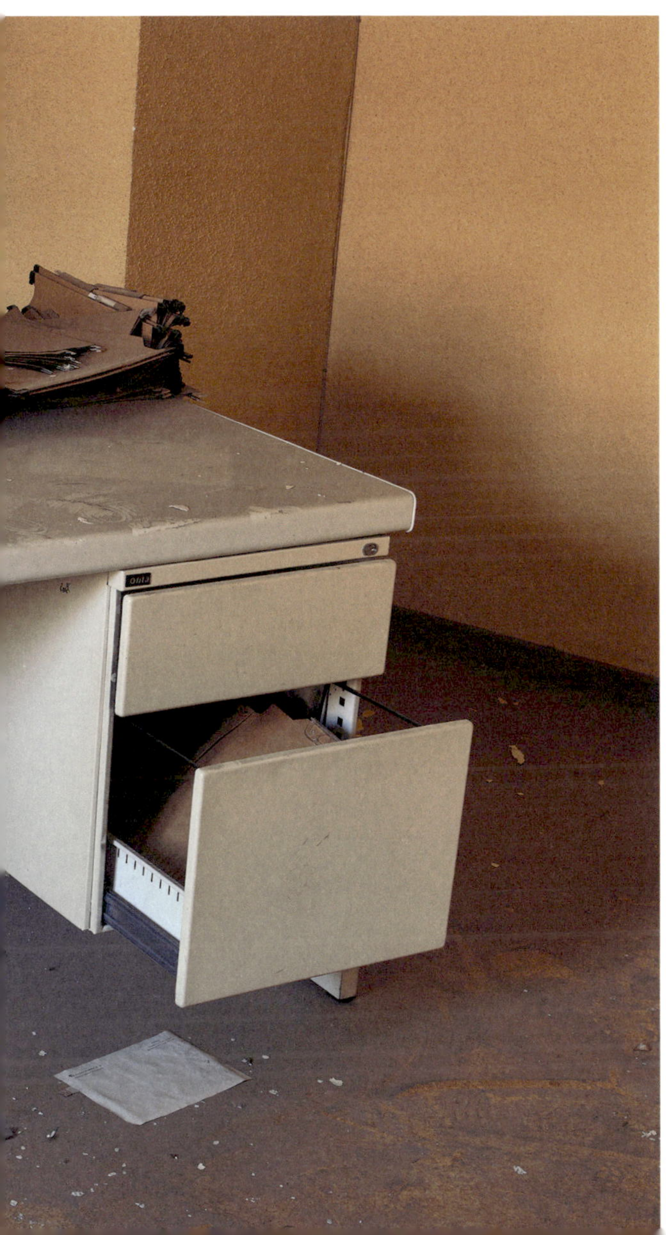

64

Menos el último
todos lastiman

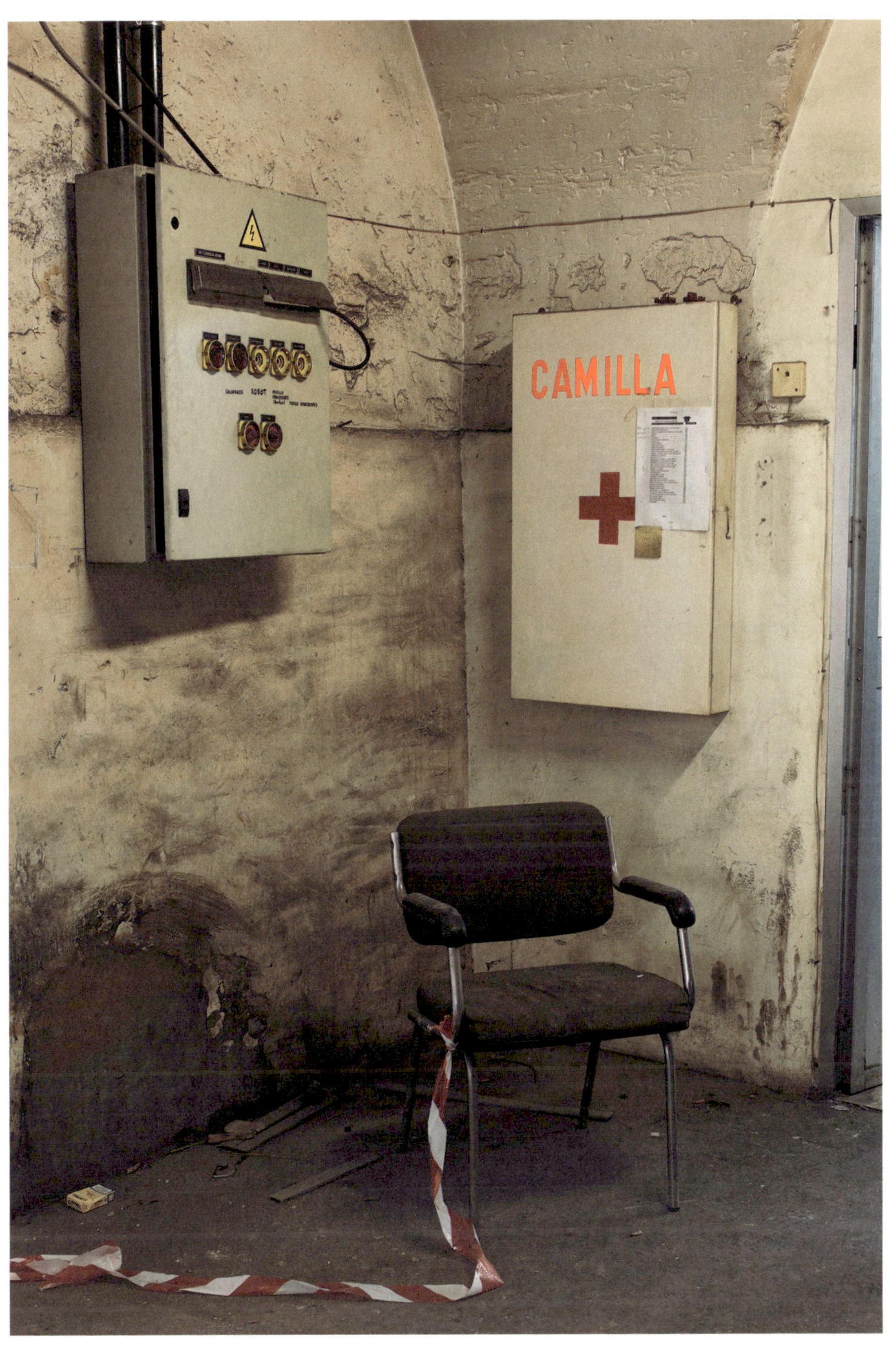
CAMILLA

Tome aliento
a toses y toscanos

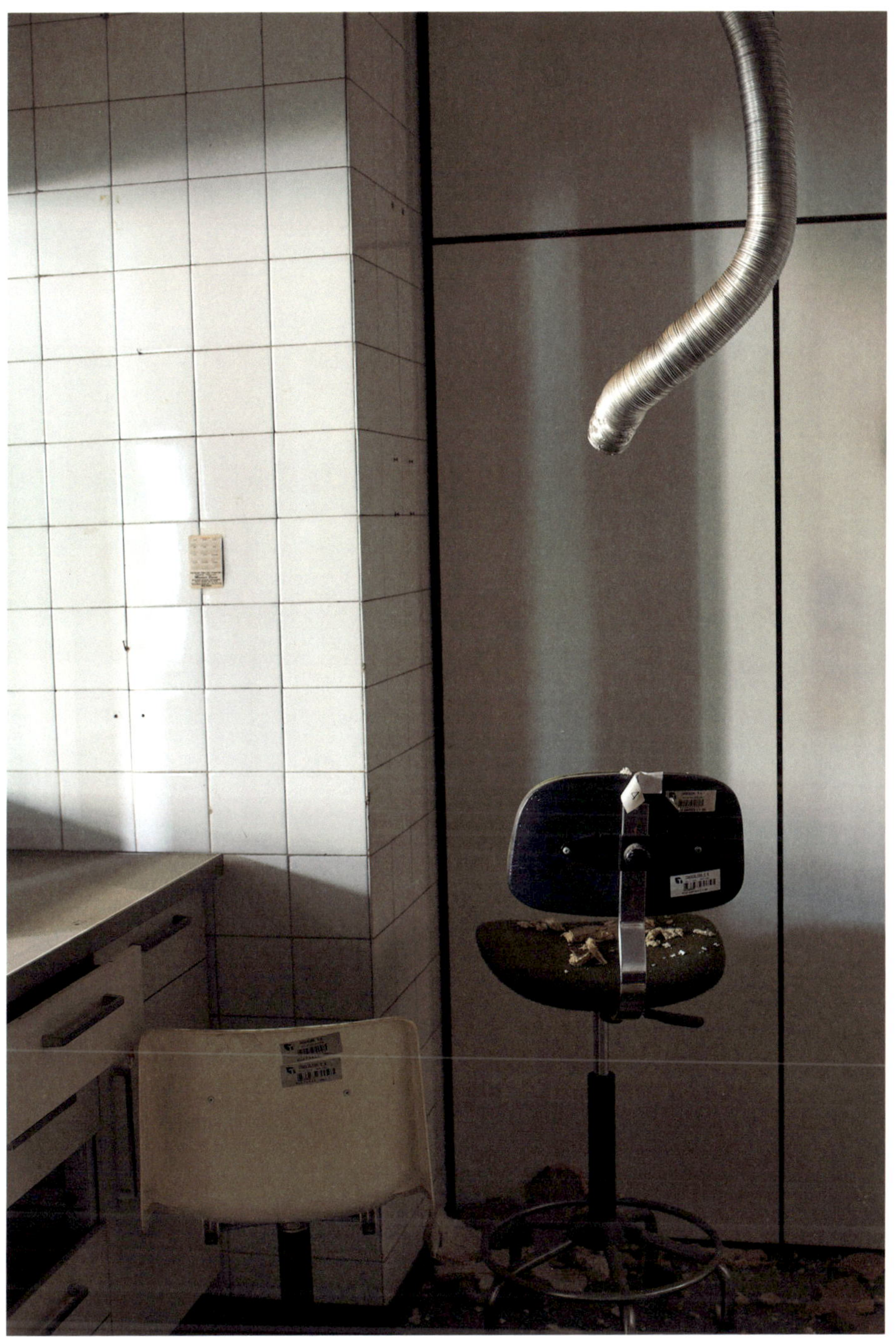

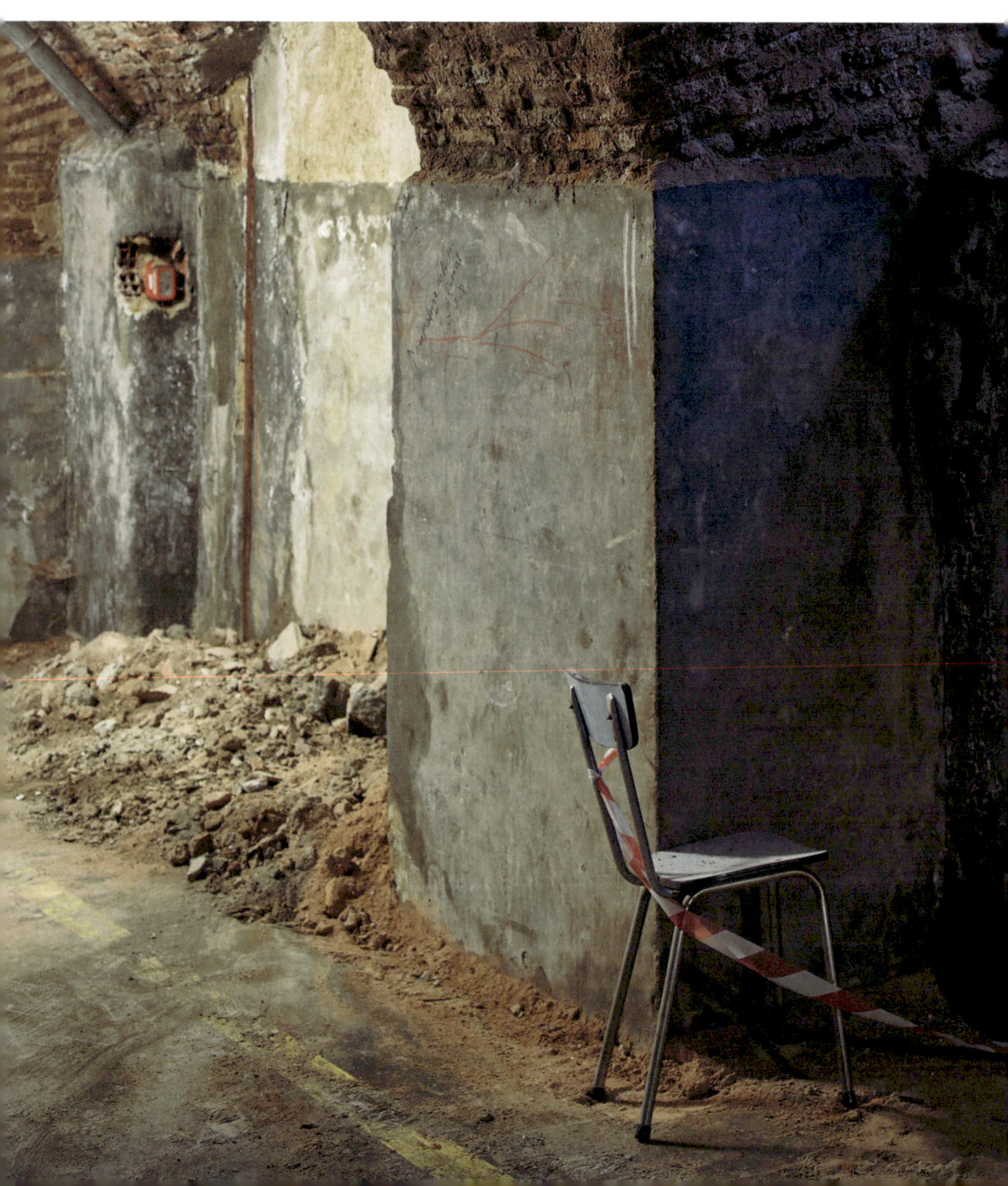

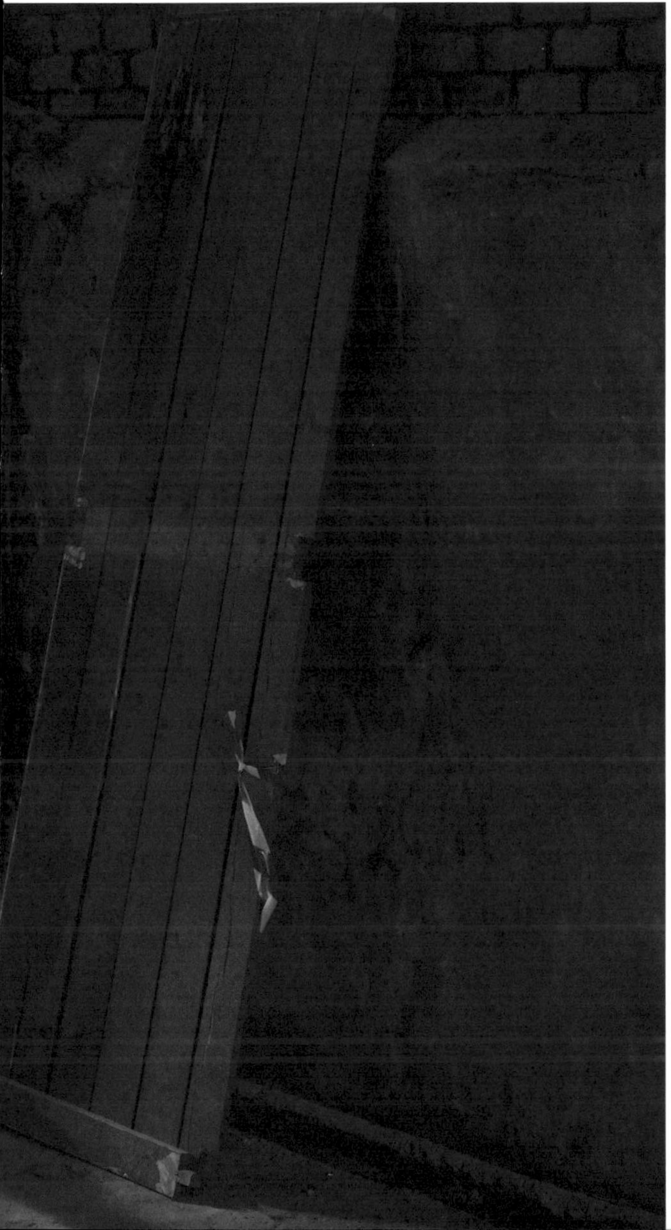

Espuma humo
nada queda de nada

A voz en grito
darse un respiro

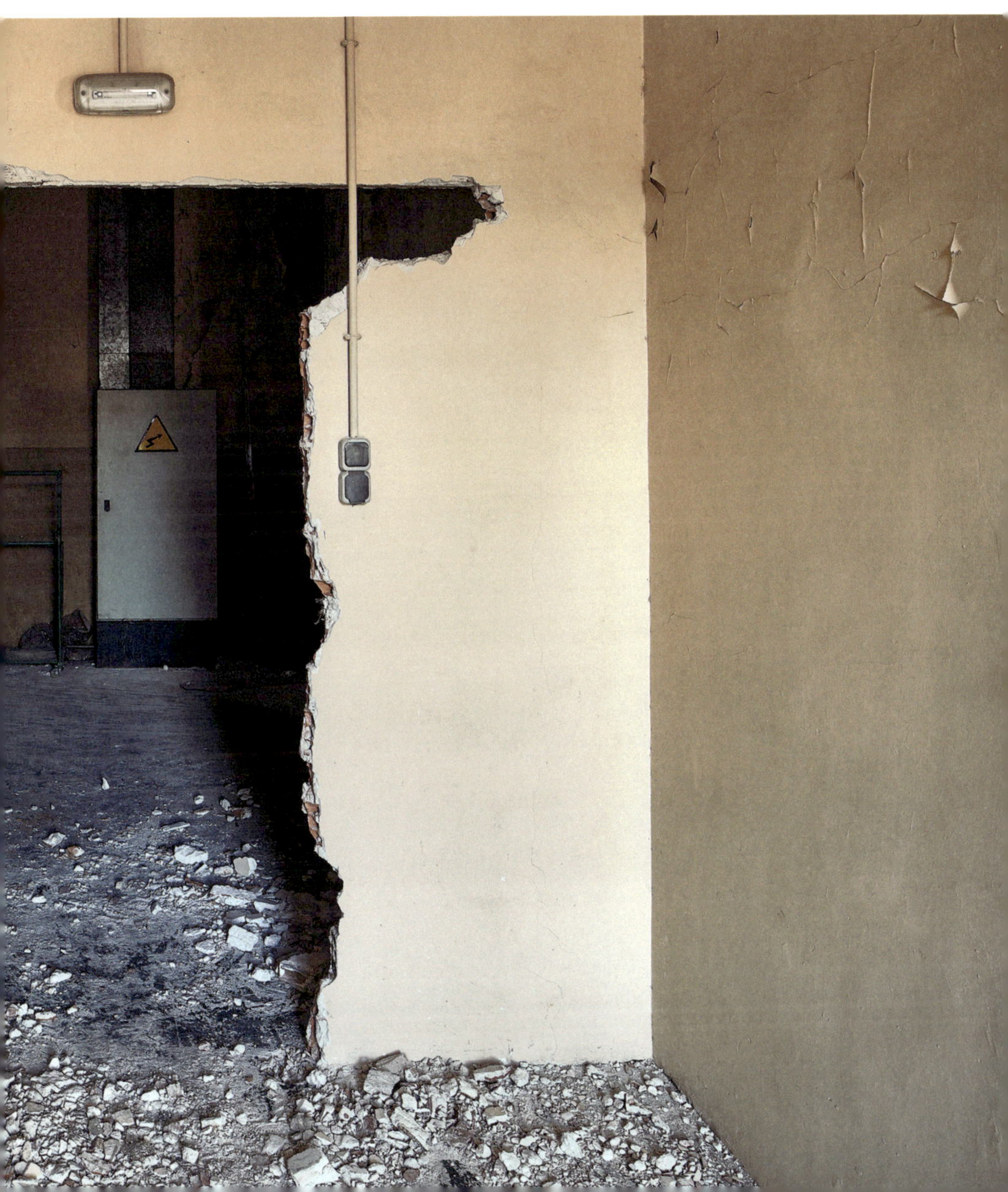

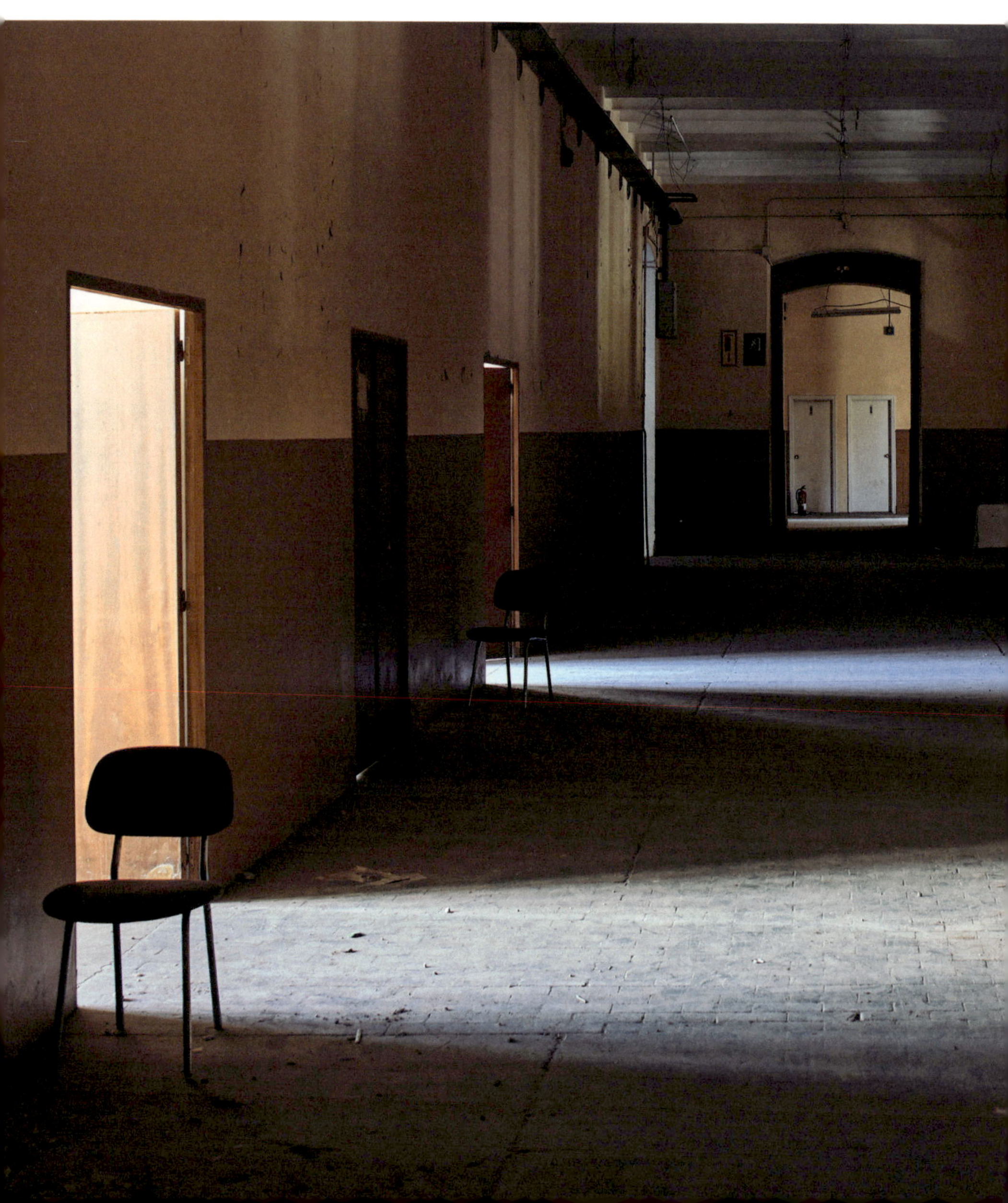

De acuerdo, mas
ni un paso más

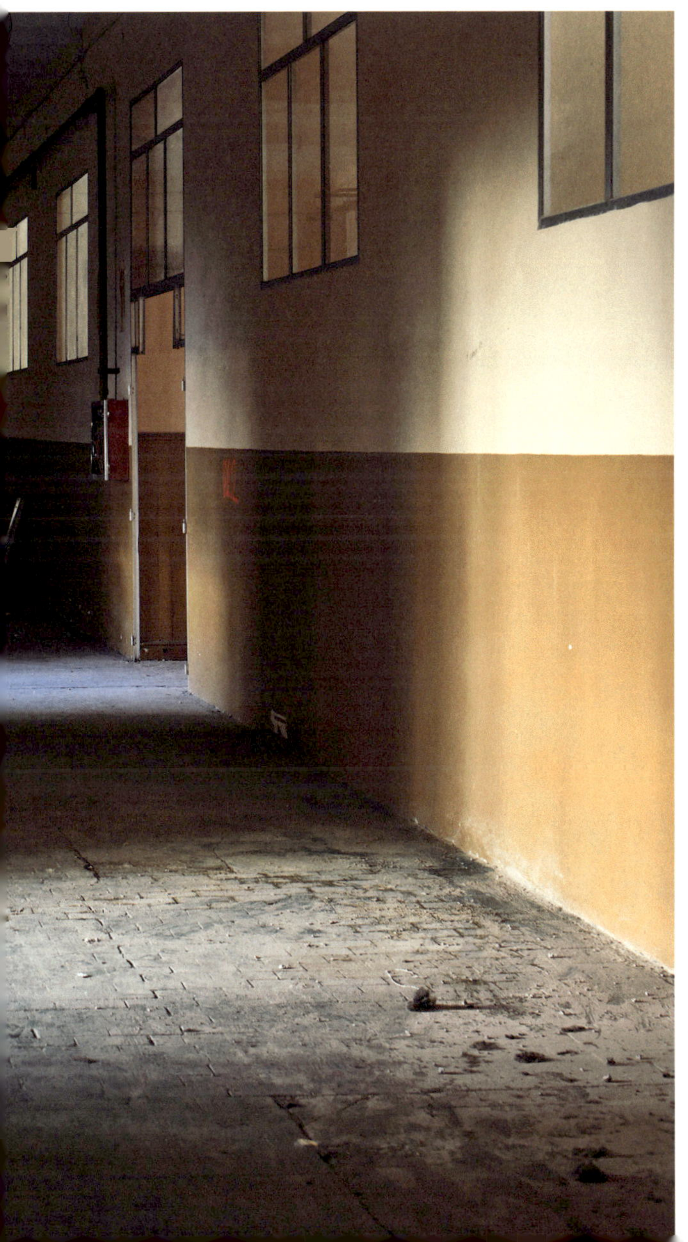

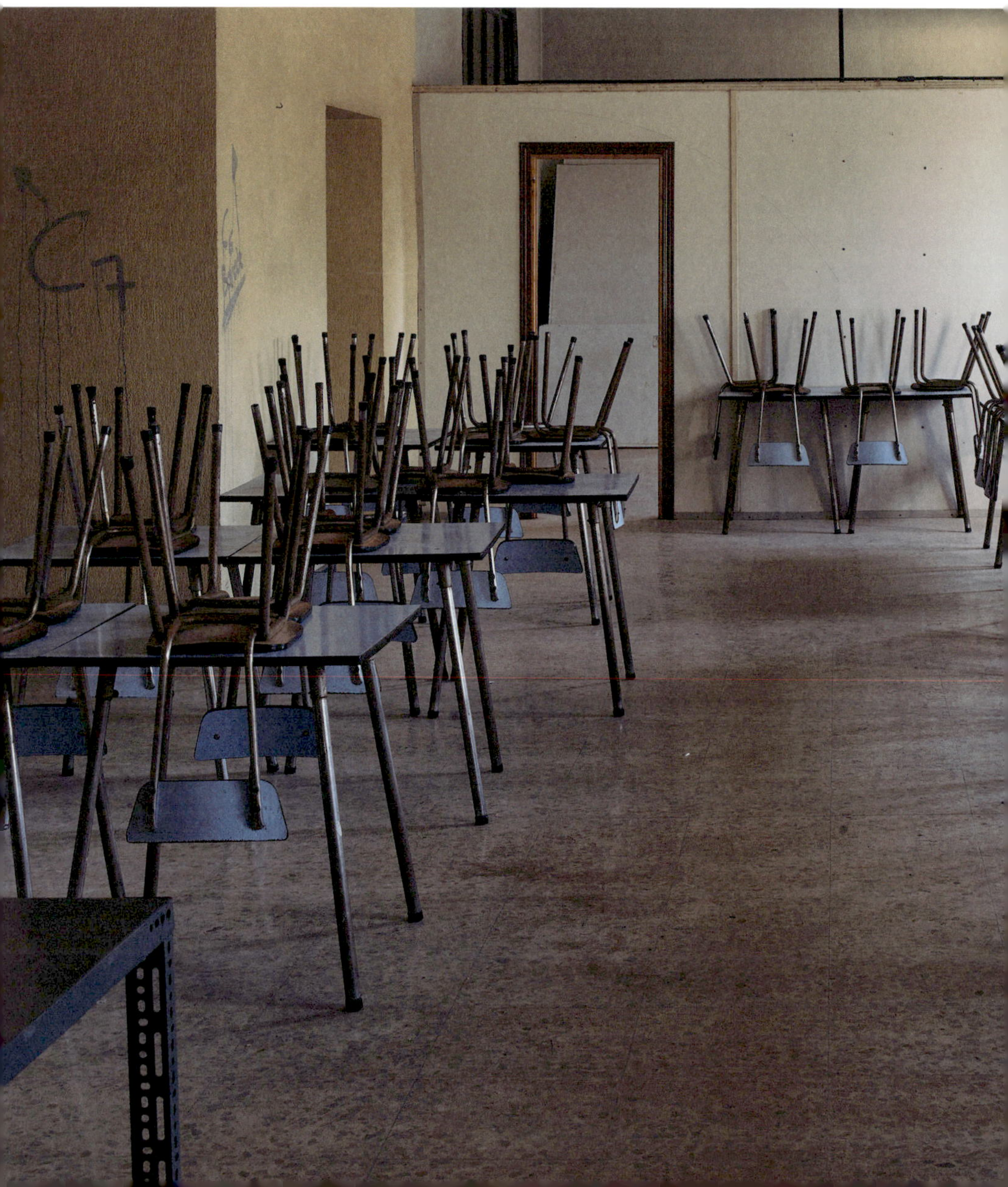

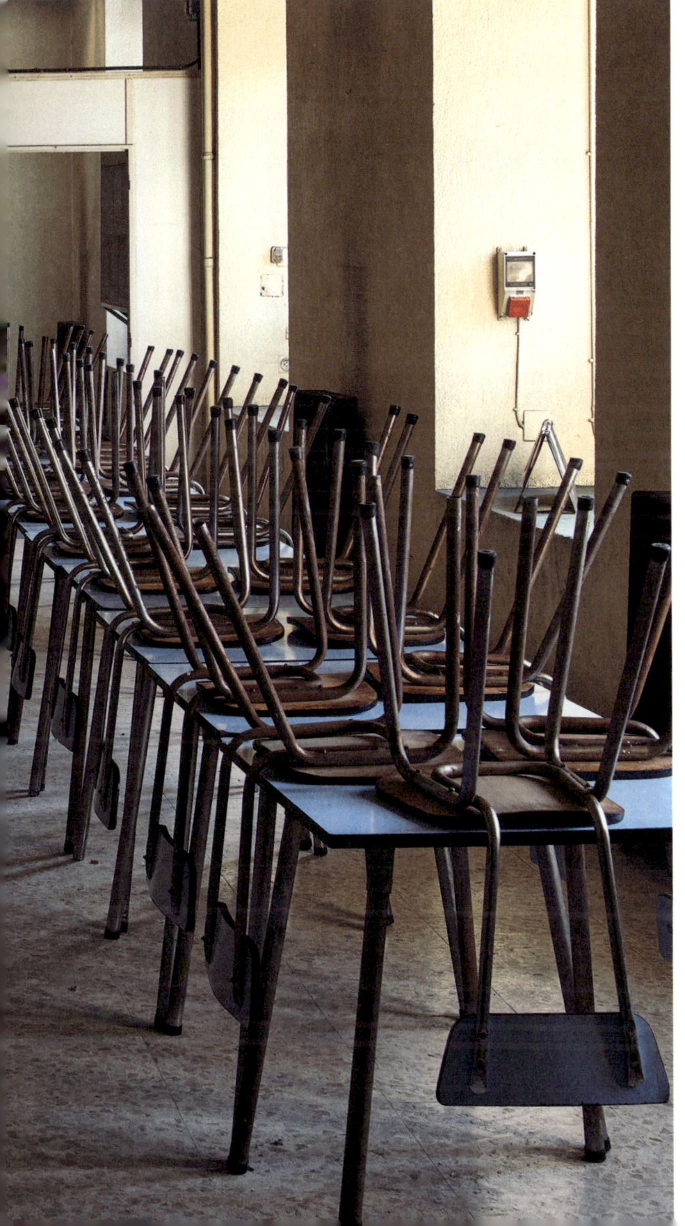

RENEWED ENERGY

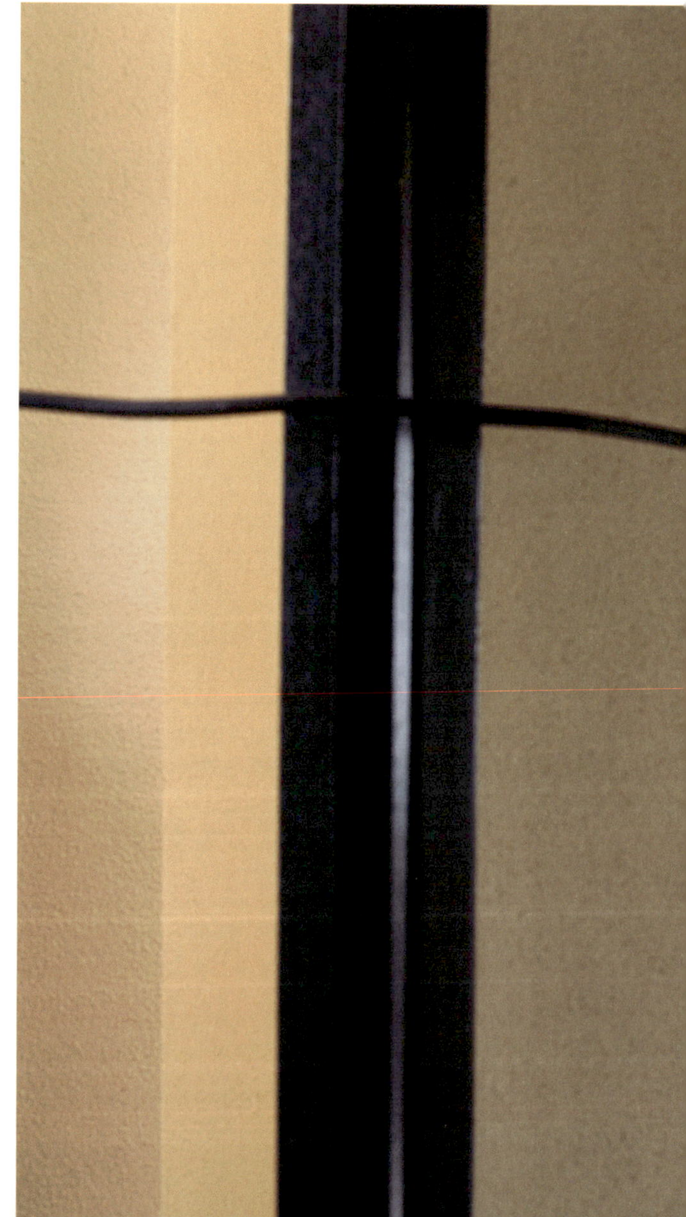

Es fumada
como todo lo demás

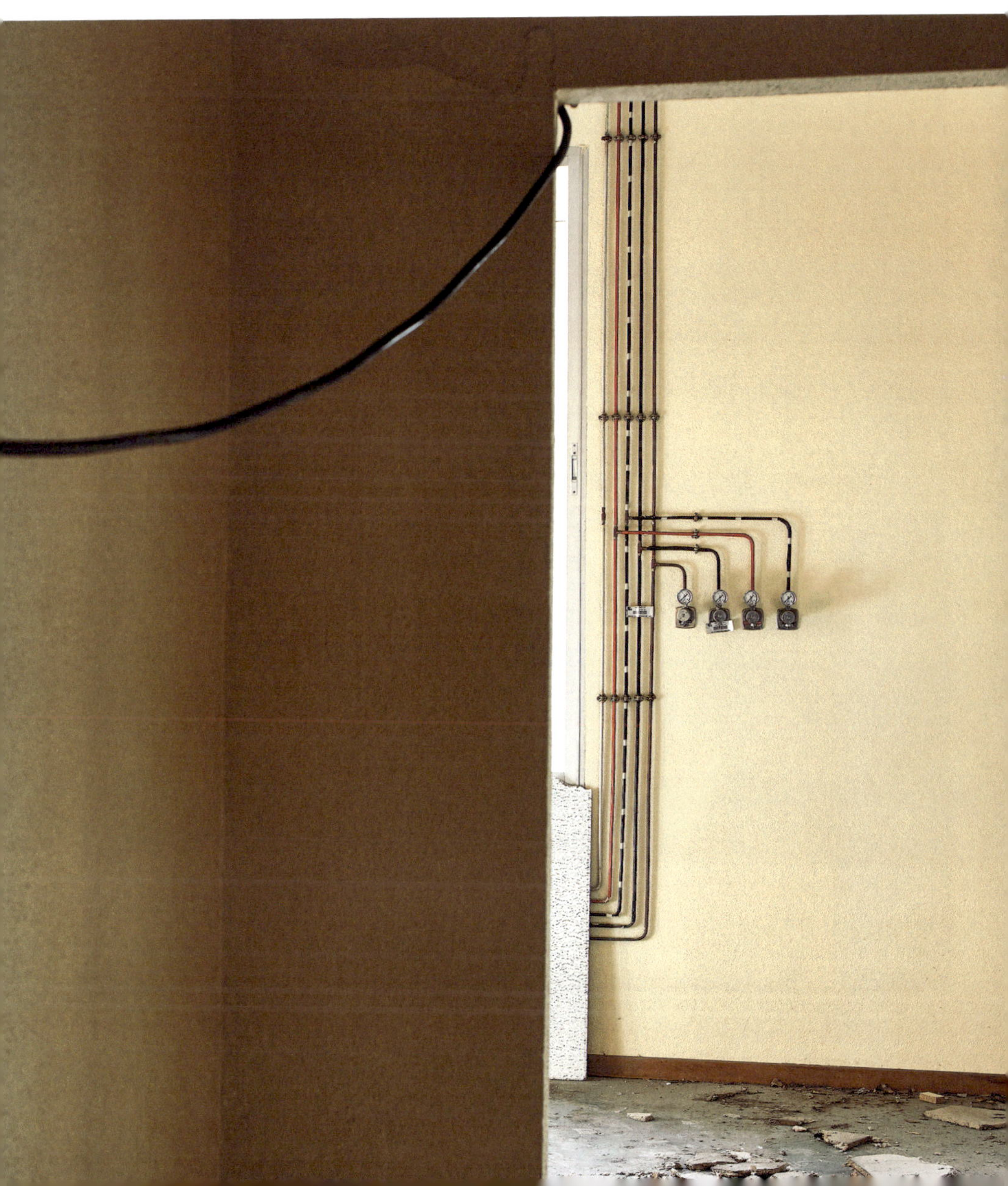

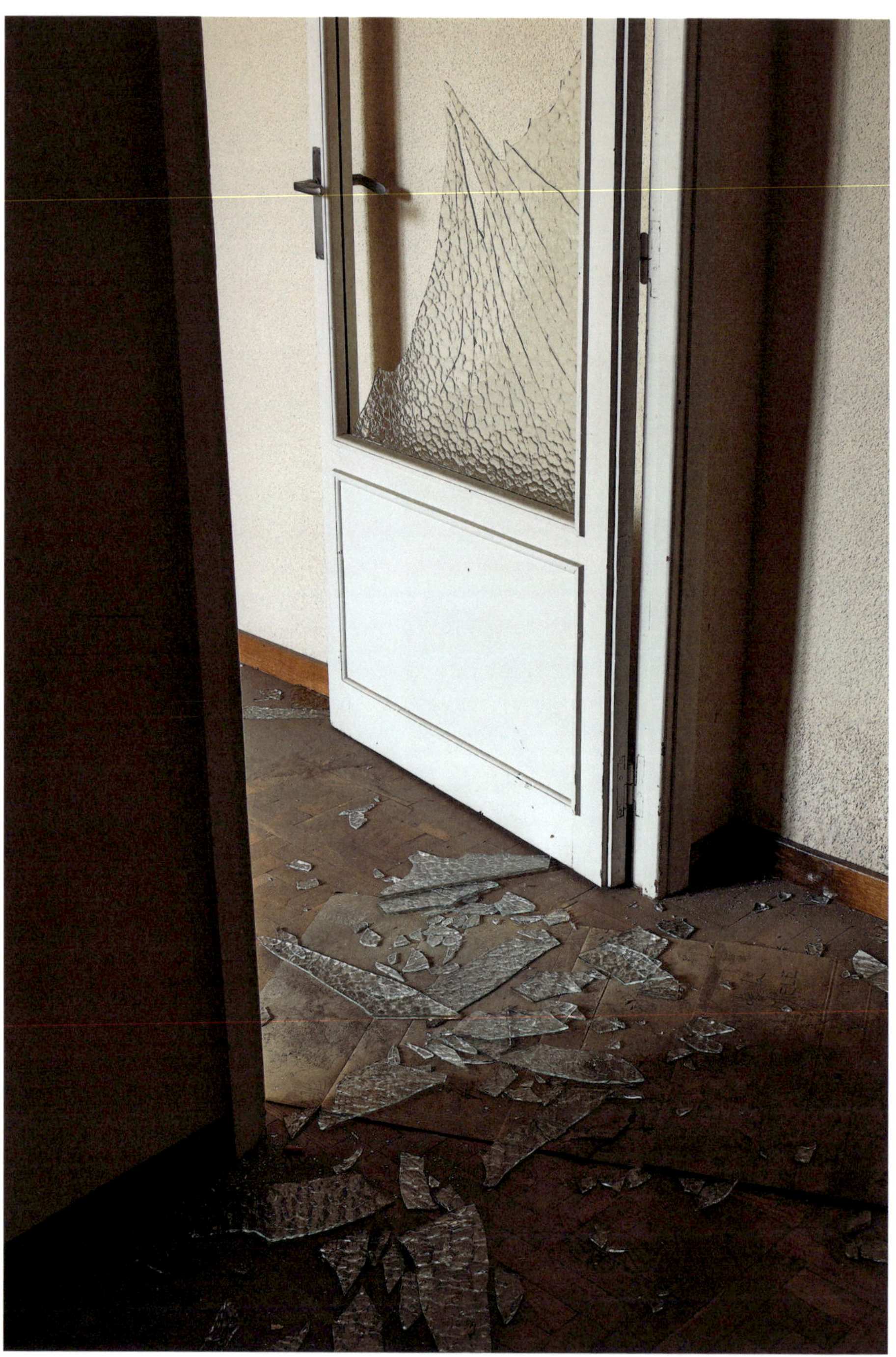

Salida de
emergencia

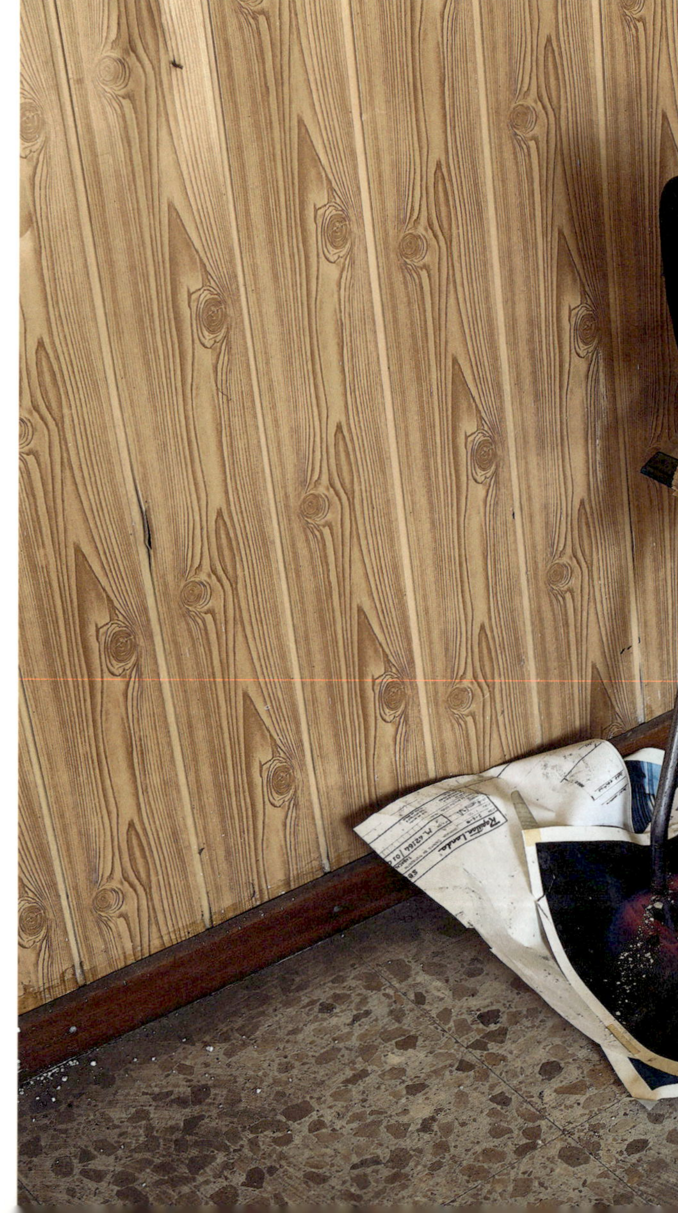

Perder y deber
antes de jugar

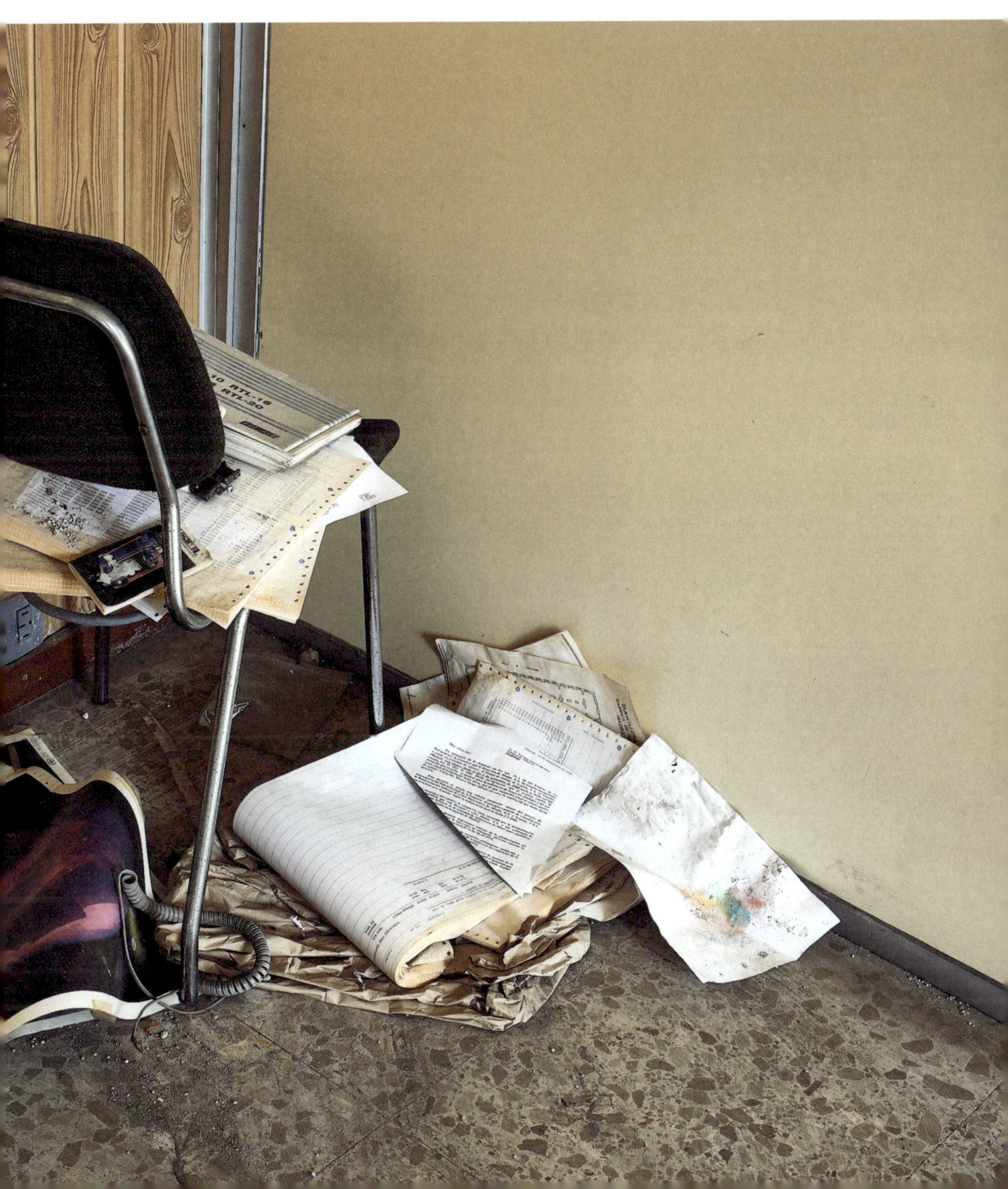

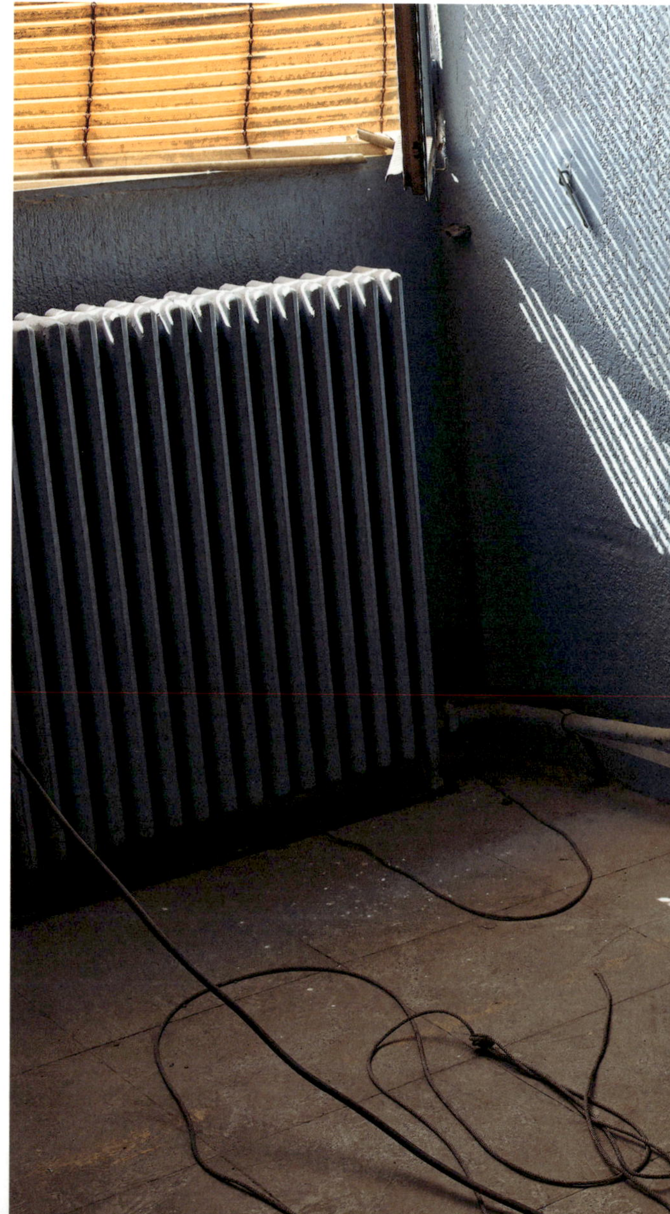

Torcida niebla
quebrado humo

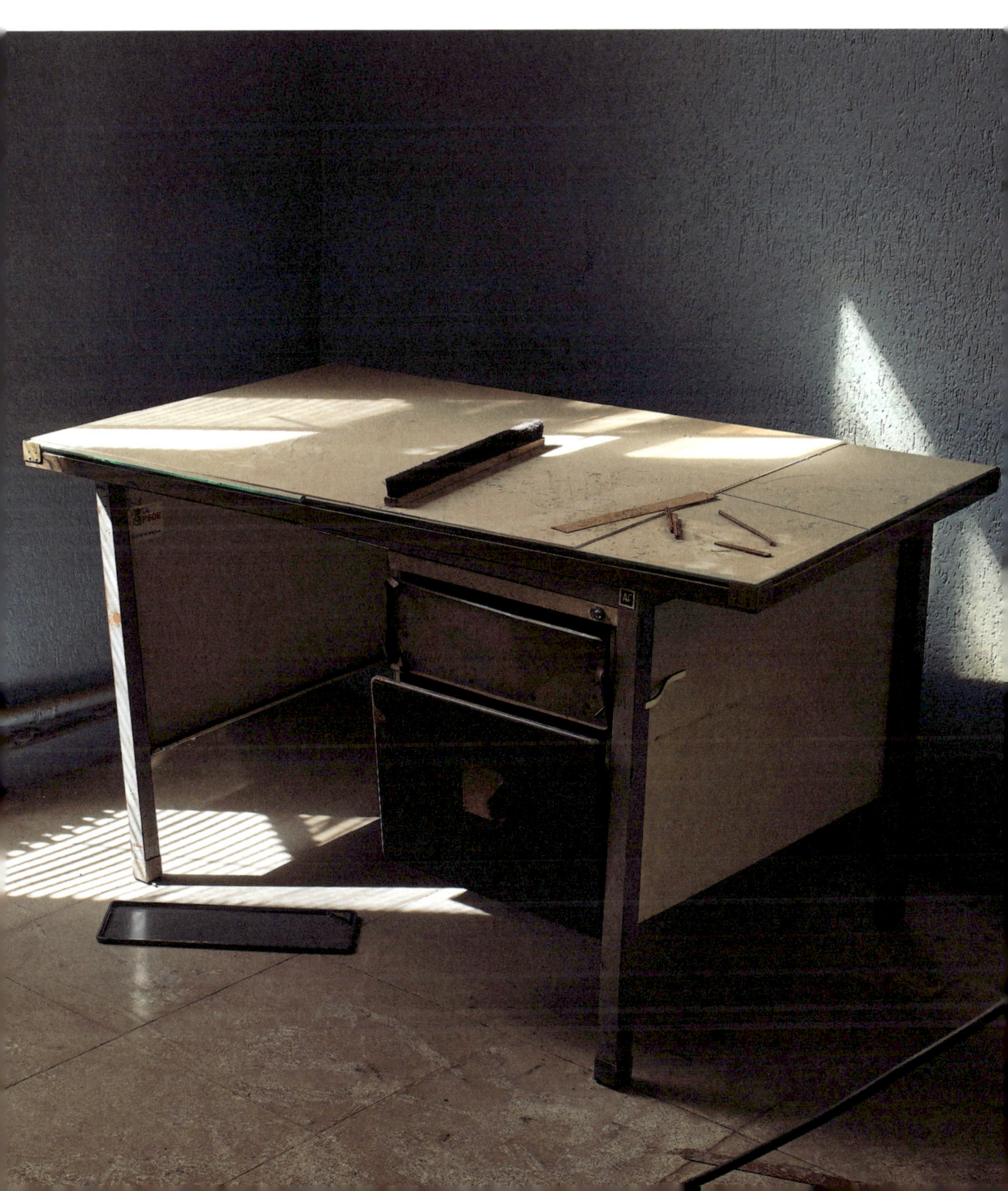

FAN THE FLAMES

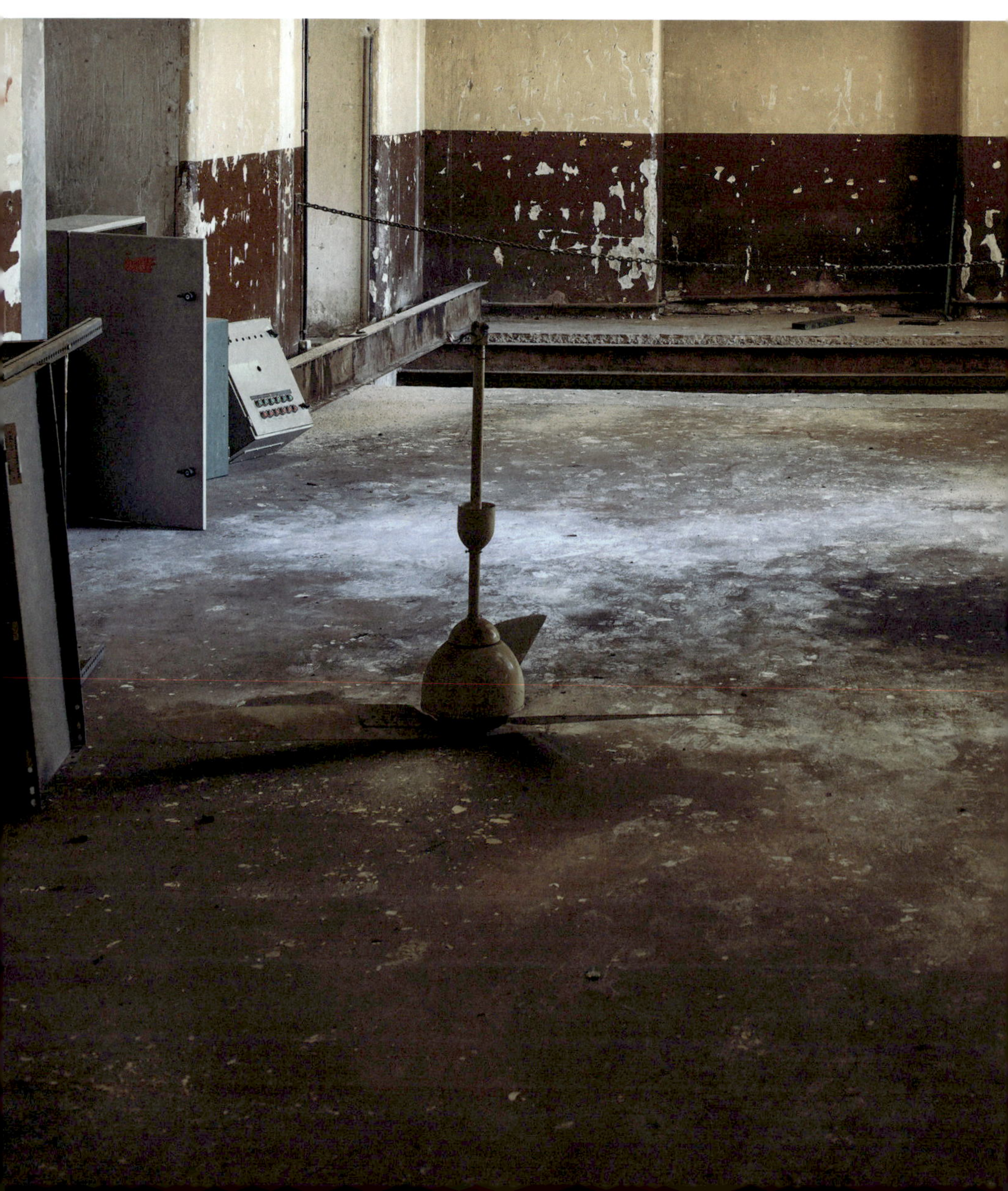

A medida que
arde se ahoga

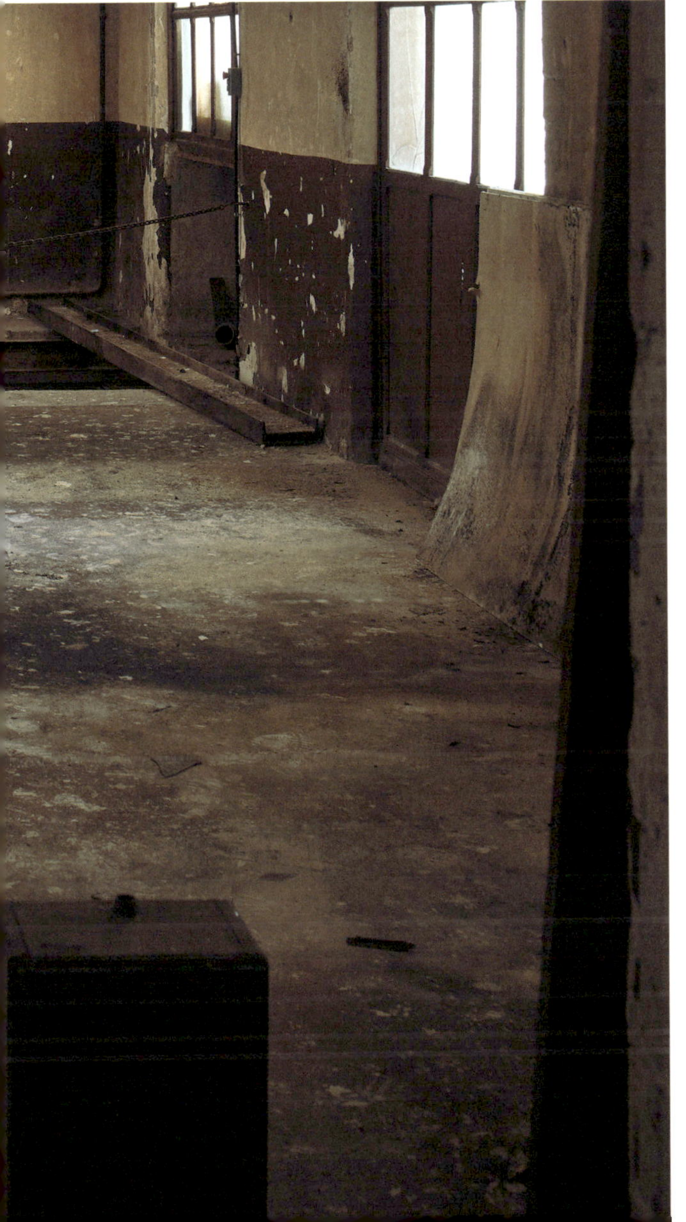

LESS IRRITATING

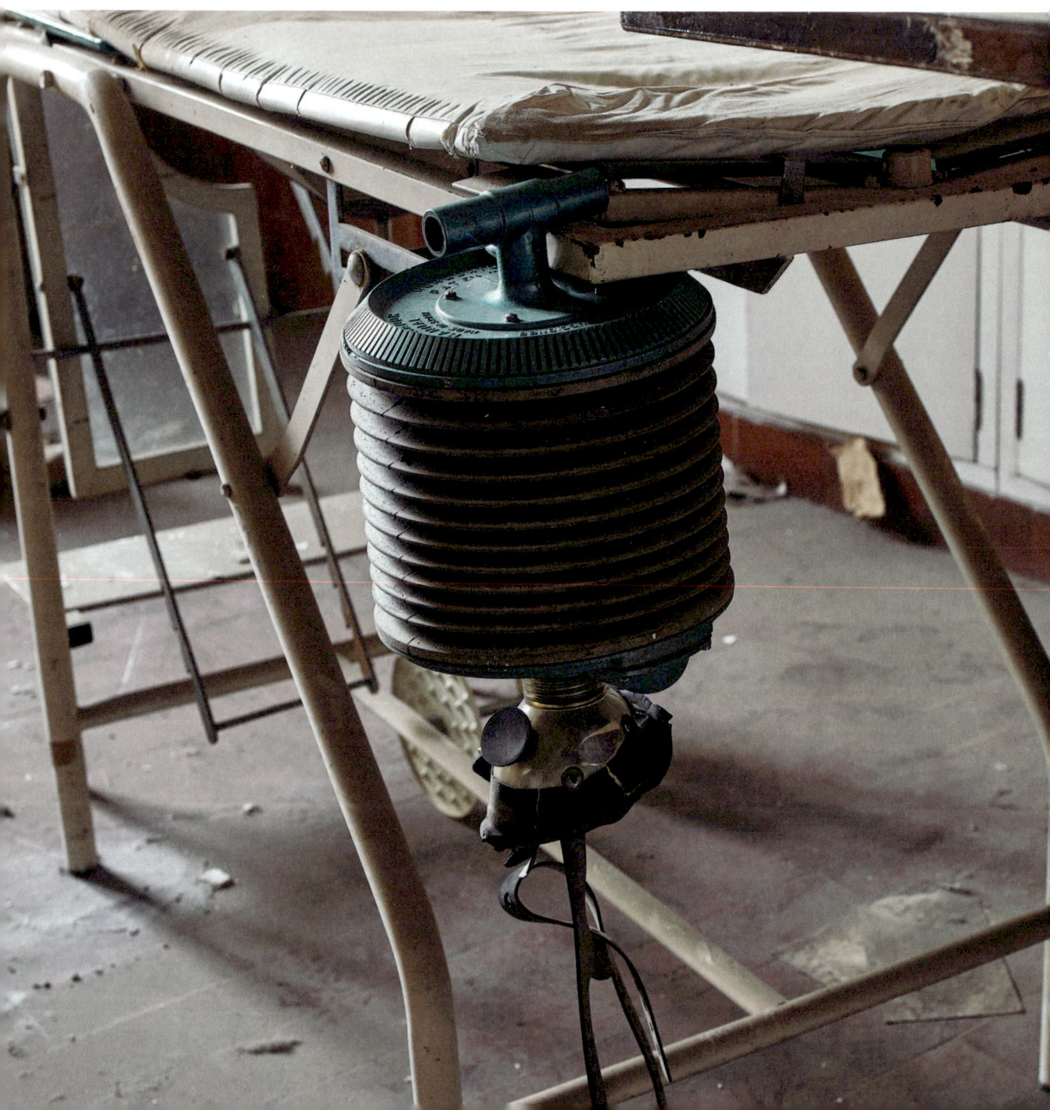

Suspiros a
todo pulmón

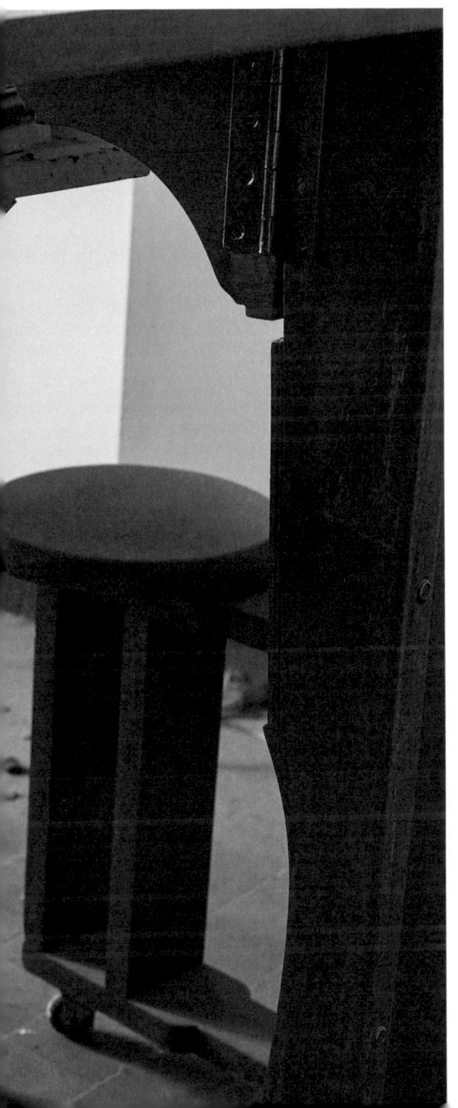

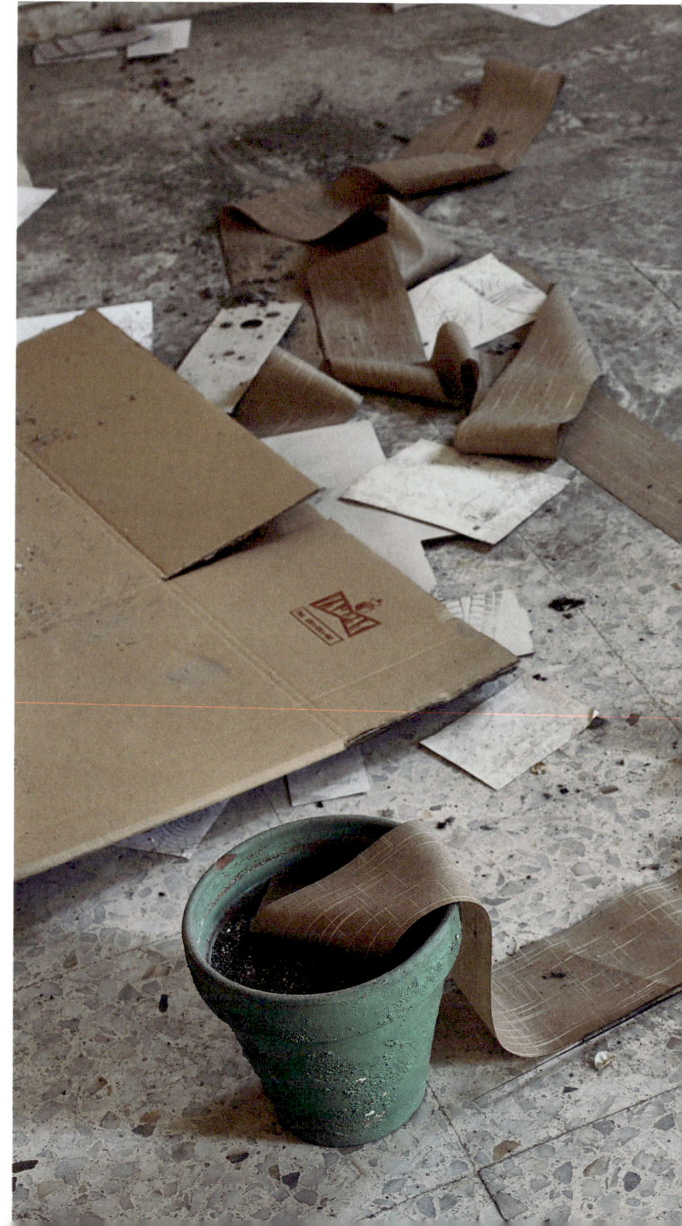

Caer a plomo
como un buzo

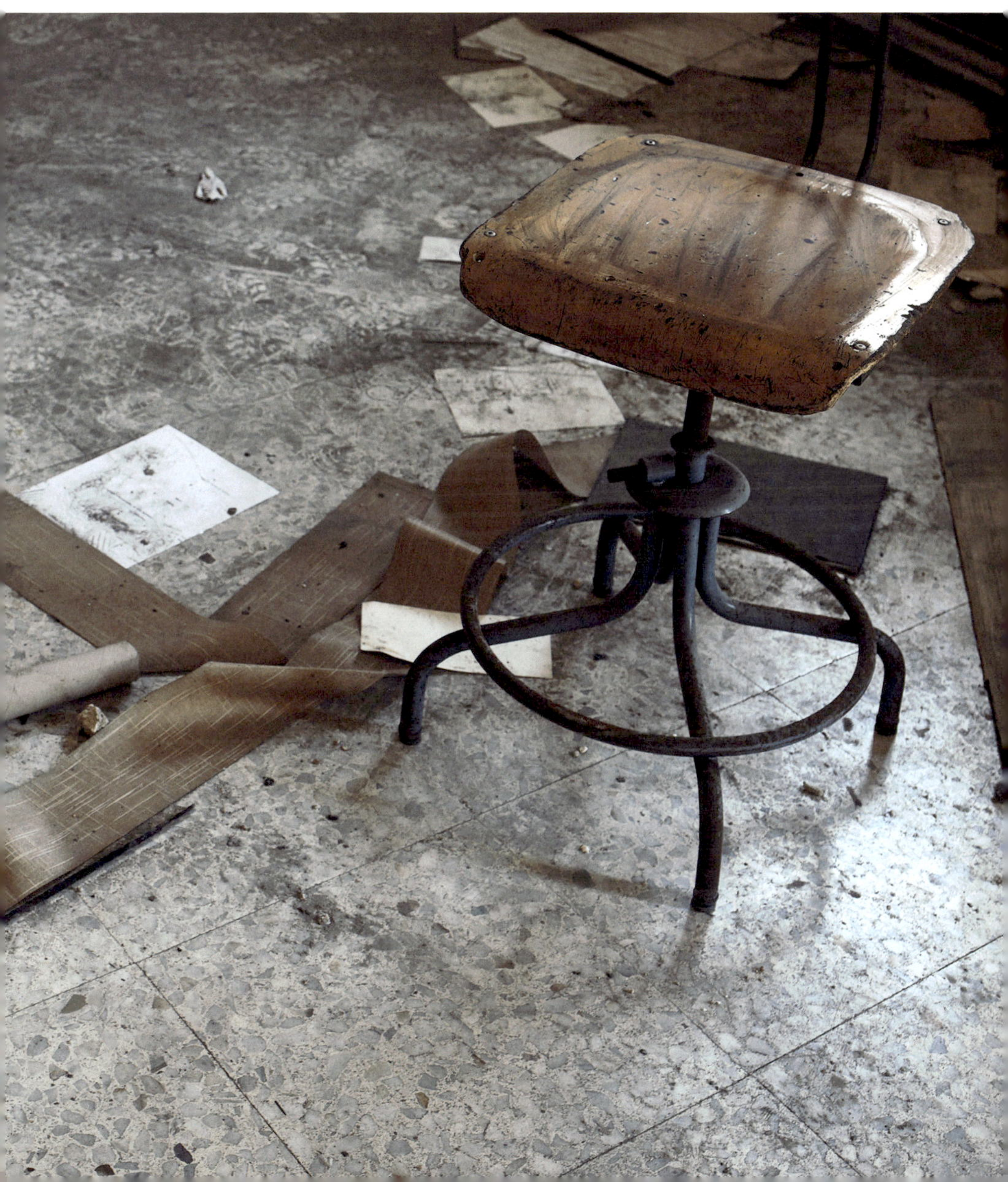

La mala sombra
del esqueleto

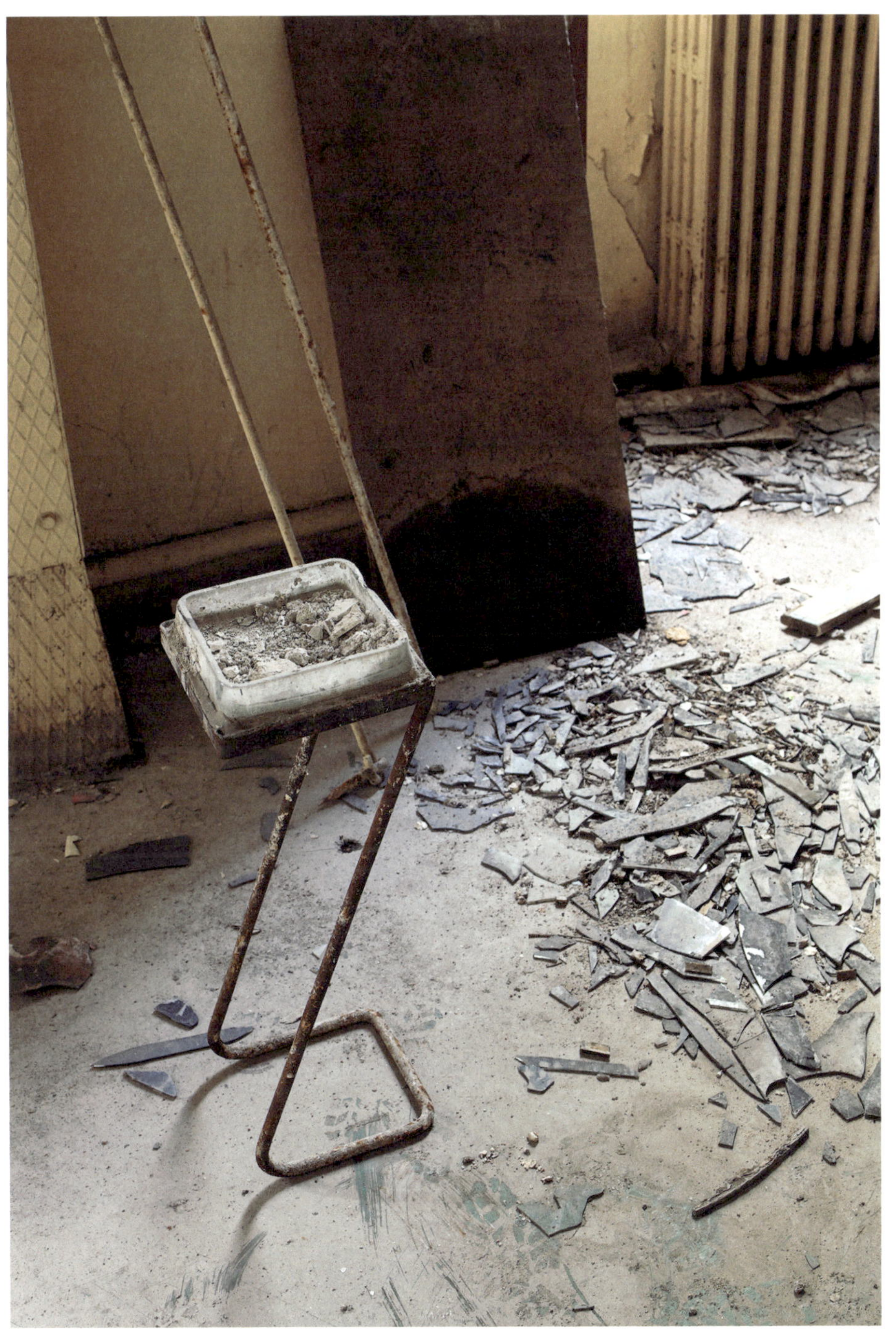

CRUSH EXPERIENCE

Nada más que
humo, humo y hum...

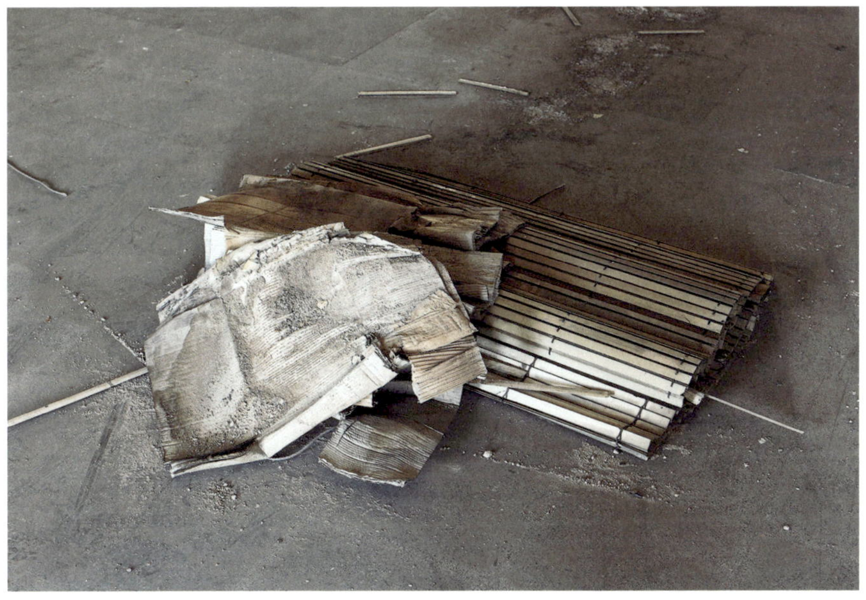

TEXTOS
Horacio Fernández

FOTOGRAFÍA Y DISEÑO
Adrian Tyler

RETOQUE Y PROCESADO DIGITAL
Irving Studio

IMPRESIÓN
Artes Gráficas Palermo

ISBN 978-84-18428-65-4
DL M-3162-2021

DISTRIBUIDO POR
TURNER
www.turnerlibros.com

España
Machado Grupo de Distribución
machadolibros@machadolibros.com
www.machadolibros.com

Latinoamérica
Océano
info@oceano.com
www.oceano.com

EE UU Y CANADÁ
DAP
orders@dapinc.com
www.artbook.com

Europa
ACC
sales@antique-acc.com
www.accdistribution.com/uk